Berliner Platz 2 NEU

Deutsch im Alltag

Teil 2

Lehr- und Arbeitsbuch

Christiane Lemcke
Lutz Rohrmann
Theo Scherling

Susan Kaufmann: Im Alltag EXTRA
Margret Rodi: Testtraining

Ernst Klett Sprachen

Stuttgart

Von
Christiane Lemcke, Lutz Rohrmann und Theo Scherling

Im Alltag EXTRA: Susan Kaufmann
Testtraining: unter Mitarbeit von Margret Rodi

Redaktion: Annerose Bergmann, Hedwig Miesslinger, Lutz Rohrmann und Annalisa Scarpa-Diewald
Gestaltungskonzept und Layout: Andrea Pfeifer
Umschlaggestaltung: Svea Stoss, 4S_art direction
Coverfoto: Strandperle Medien Services e. K.; Abbildung Straßenschild: Sodapix AG
Illustrationen: Nikola Lainović
Fotoarbeiten: Vanessa Daly

Für die Audio-CD zum Arbeitsbuchteil:
Tonstudio: White Mountain, München
Musik: Jan Faszbender
Aufnahme, Schnitt und Mischung: Andreas Scherling
Koordination und Regie: Bild & Ton, München

Verlag und Autoren danken Birgitta Fröhlich, Eva Harst, Anne Köker, Margret Rodi, Barbara Sommer und Matthias Vogel, die *Berliner Platz NEU* begutachtet und mit wertvollen Anregungen zur Entwicklung des Lehrwerks beigetragen haben.

Materialien zu *Berliner Platz 2 NEU*, Teil 2:

Lehr- und Arbeitsbuch	606070
1 CD zum Lehrbuchteil	606072
Intensivtrainer 2 (Kapitel 13–24)	606043
Lehrerhandreichungen 2 (Kapitel 13–24)	606046
Testheft 2 (Kapitel 13–24)	606045
DVD (Kapitel 13–24)	606044
Treffpunkt D–A–CH 2	606051
Digital mit interaktiven Tafelbildern	606055
Glossar Deutsch–Englisch	606047

Weitere Glossare finden Sie im Internet unter:
www.klett-sprachen.de/berliner-platz

Audio-Dateien zum Arbeitsbuch als mp3-Download unter
www.klett-sprachen.de/berliner-platz/medienA1
Code: bpn2b@wD

1. Auflage   1 ⁸ ⁷ ⁶ | 2019 18 17

© Ernst Klett Sprachen GmbH, Stuttgart, 2017
Erstausgabe erschienen 2010 bei der Langenscheidt KG, München
Das Werk und seine Teile sind urheberrechtlich geschützt.
Jede Verwendung in anderen als den gesetzlich zugelassenen Fällen bedarf der vorherigen Einwilligung des Verlags.

Satz: Franzis print & media GmbH, München
Gesamtherstellung: Print Consult GmbH, München

ISBN 978-3-12-606070-7

Symbole:

- ⊙ 2.1 Zu dieser Aufgabe gibt es eine Tonaufnahme auf der CD zum Lehrbuchteil. (separat erhältlich)
- ⊙ 4.1 Zu dieser Aufgabe gibt es eine Tonaufnahme auf der CD zum Arbeitsbuchteil. (im Buch eingelegt)
- ⚑ Hier gibt es Vorschläge für Projektarbeit.
- Hier finden Sie Lösungshilfen unter der Aufgabe.
- P Diese Aufgabe ist wie eine Aufgabe in der Prüfung aufgebaut. (*Start Deutsch 2* oder *DTZ*)

Berliner Platz NEU – Einführung

Liebe Benutzerinnen und Benutzer,

Berliner Platz NEU ist ein Lehrwerk für Erwachsene und Jugendliche ab etwa 16 Jahren. Es ist für alle geeignet, die Deutsch lernen und sich schnell im **Alltag** der deutschsprachigen Länder zurechtfinden wollen. Deshalb konzentriert sich *Berliner Platz NEU* auf Themen, Situationen und sprachliche Handlungen, die im Alltag wichtig sind.

Berliner Platz NEU bietet einen einfachen, motivierenden Einstieg in das Deutschlernen. Wir haben dabei großen Wert auf das Training aller Fertigkeiten gelegt: **Hören** und **Sprechen** ebenso wie **Lesen** und **Schreiben**.

Für eine erfolgreiche Verständigung im Alltag ist eine verständliche **Aussprache** mindestens so wichtig wie Kenntnisse von Wortschatz und Grammatik. Deshalb spielt das Aussprachetraining eine große Rolle.

Berliner Platz NEU orientiert sich am Rahmencurriculum für Integrationskurse Deutsch als Zweitsprache. Der Kurs endet mit der Niveaustufe B1 des Gemeinsamen europäischen Referenzrahmens (GER).

Das Angebot

Ein Lehrwerk ist viel mehr als nur ein Buch. Zu *Berliner Platz NEU* gehören diese Materialien:

- die **Lehr- und Arbeitsbücher**
- die **Hörmaterialien** zum Lehr- und Arbeitsbuch
- die **Intensivtrainer** mit mehr Übungen zu Wortschatz und Grammatik
- die **Testhefte** zur Prüfungsvorbereitung
- die **DVD** mit motivierenden Film-Szenen zu den Themen des Lehrbuchs
- die **Lehrerhandreichungen** mit zusätzlichen Tipps für einen abwechslungsreichen Unterricht
- die Zusatzangebote für Lerner/innen und Lehrer/innen im **Internet** unter: www.klett-sprachen.de/berliner-platz
- **Glossare**

Der Aufbau

Berliner Platz NEU ist einfach und übersichtlich strukturiert, sodass man auch ohne lange Vorbereitung damit arbeiten kann. Jede Niveaustufe (A1, A2, B1) ist in **zwölf Kapitel** aufgeteilt.

Im Lehrbuchteil hat jedes Kapitel zehn Seiten, die man nacheinander durcharbeiten kann.

- **Einführung** in das Kapitel (Seite 1 und 2)
- **Übung** der neuen Situationen und sprachlichen Elemente (Seite 3 bis 6)
- **Deutsch verstehen** dient dem Training von Lese- und Hörverstehen (Seite 7 und 8)
- **Zusammenfassung** der wichtigsten sprachlichen Elemente des Kapitels: *Im Alltag, Grammatik* und *Aussprache* (Seite 9 und 10).
- Auf jeder Stufe gibt es vier **Raststätten** mit
  – spielerischer **Wiederholung**
  – Aufgaben zur **DVD**
  – Aufgaben zur **Selbsteinschätzung**: *Was kann ich schon? / Ich über mich.*

Der Arbeitsbuchteil folgt dem Lehrbuchteil. Zu jeder Aufgabe im Lehrbuchteil (1, 2, 3 …) gibt es eine Übung im Arbeitsbuchteil (1, 2, 3 …):

- **Vertiefende Übungen** zum Lehrbuchangebot
- Zusätzliche Übungen zur **Aussprache**
- **Tipps zum Lernen**
- **Testtraining**

In den Abschnitten **Im Alltag EXTRA** finden Sie zu jedem Kapitel ein breites Angebot zusätzlicher Aufgaben zum deutschen Alltag.

Prüfungsvorbereitung

Berliner Platz 2 NEU setzt den Grundkurs fort und führt zu den Prüfungen **Deutsch Test für Zuwanderer (DTZ)** und **Start Deutsch 2**. Als Vorbereitung dazu dienen vor allem die Abschnitte **Testtraining**. Aber auch einige Aufgaben in den Arbeitsbuchkapiteln sind so angelegt, dass sie zugleich die Prüfungsformate trainieren.

Wir wünschen Ihnen weiterhin viel Spaß und Erfolg beim Deutschlernen mit *Berliner Platz NEU*.

Die Autoren und der Verlag

Das lernen Sie in Teil 2 von *Berliner Platz 2 NEU*

	Im Alltag	Kommunikation	Grammatik	Aussprache	Deutsch verstehen
19	**Das finde ich schön** — 6 Personen und Dinge beschreiben · über Mode/Schönheit sprechen · sagen, was man (nicht) mag · Komplimente machen · Kontaktanzeigen verstehen	Sie ist groß und hat blonde Haare. Das gefällt mir (nicht). Ich trage gern Krawatten. Das steht dir gut.	Adjektive vor dem Nomen nach *ein, kein, mein, dein ...* · Adjektive vor dem Nomen ohne Artikel · Präpositionen mit Akkusativ: *für, ohne*	Schwaches *e*	Lesen: Kontaktanzeigen Hören: Personenbeschreibungen

Arbeitsbuch 19 — 78
Übungen zu Kommunikation, Wortschatz, Aussprache und Grammatik
Effektiv lernen: Strategisch Hören

Im Alltag EXTRA 19 — 126
Sprechen: Gespräch in der Beratungsstelle
Planen und Organisieren: Selbsthilfegruppe
Beratung international · Projekt: Beratungsstellen

	Im Alltag	Kommunikation	Grammatik	Aussprache	Deutsch verstehen
20	**Komm doch mit!** — 16 über Freizeitaktivitäten sprechen · sagen, was man (nicht) gerne macht · Meinungen äußern · Ratschläge geben · Texte über Fußball verstehen	Ich habe nicht viel Freizeit. Ich helfe gern Menschen. Du könntest im Park Leute treffen. Gibt es im Verein ...?	Pronomen Indefinita Reflexivpronomen im Akkusativ	Wörter verbinden (Assimilation)	Lesen: Texte über Fußball Hören: Interview mit einem Vereinsmitglied

Arbeitsbuch 20 — 84
Übungen zu Kommunikation, Wortschatz, Aussprache und Grammatik
Schwierige Wörter

Im Alltag EXTRA 20 — 128
Sprechen: Informationen über Freizeitangebote einholen
Planen und Organisieren: Bewerbung um einen Standplatz
Freizeit international

	Im Alltag	Kommunikation	Grammatik	Aussprache	Deutsch verstehen
21	**Arbeitssuche** — 26 über Arbeit und Arbeitssuche sprechen · über Arbeitserfahrungen sprechen · ein Kontaktgespräch am Telefon führen · Berufsbiografien verstehen	Wir haben flexible Arbeitszeiten. Wie viel verdient man pro Stunde? Ich habe als Elektriker gearbeitet.	Adjektive vor dem Nomen und nach *der, das, die ...* · Nebensätze: Relativsatz · Relativpronomen (Nominativ/ Akkusativ)	Viele Konsonanten sprechen	Lesen: Text zum Thema Arbeit und Freizeit Hören: Interview mit einem Feuerwehrmann

Arbeitsbuch 21 — 90
Übungen zu Kommunikation, Wortschatz, Aussprache und Grammatik
Effektiv lernen: Auf dem Weg zur Prüfung – 6 Tipps

Im Alltag EXTRA 21 — 130
Sprechen: Vorstellungsgespräch
Papiere: Online-Bewerbung

7 **Raststätte 7** — 36
Leipzig: ein Porträt · Projekt: Deutsche Städte · Leute: Biografien · Effektiv lernen: Deutsch im Alltag
Video: Freizeitaktivitäten, Die Bewerbung, Das Vorstellungsgespräch · Was kann ich schon? Ich über mich

Testtraining 7 *Start Deutsch 2:* Hören, Lesen, Schreiben und Sprechen — 96

4 vier

	Im Alltag	Kommunikation	Grammatik	Aussprache	Deutsch verstehen
22	**Alltag und Medien** — über Medien sprechen · eine Statistik verstehen · über Fernsehgewohnheiten sprechen · Argumentieren · Texte über Medien verstehen	Ich lese regelmäßig Zeitung. Ich skype oft mit Freunden. Ich bin mir nicht sicher, aber … Das glaube ich nicht.	*Welch…? Dies…* Wortbildung: Adjektive auf *-ig, -isch, -lich, -bar, -los*, Vorsilbe *un-*	Rückfragen: Satzmelodie und Akzent	Lesen: Die Geschichte des Fernsehens in Deutschland — **42**

Arbeitsbuch 22 — **100**
Übungen zu Kommunikation, Wortschatz, Aussprache und Grammatik
Schwierige Wörter

Im Alltag EXTRA 22 — **132**
Sprechen: Gespräch mit der Störungsstelle
Papiere: GEZ-Formular · Medien international

	Im Alltag	Kommunikation	Grammatik	Aussprache	Deutsch verstehen
23	**Die Politik und ich** — über Politik sprechen · Meinungen begründen · Wünsche äußern · über Vergangenes sprechen · einen Artikel über Ehrenamt verstehen	Ich denke, wir müssen uns engagieren. Du hast recht. Das sehe ich anders. Sehr wichtig finde ich …	Verben mit Präpositionen Präteritum (regelmäßige und unregelmäßige Verben)	Emotional sprechen	Lesen: Text zum Ehrenamt Hören: Aussagen zum Ehrenamt — **52**

Arbeitsbuch 23 — **106**
Übungen zu Kommunikation, Wortschatz, Aussprache und Grammatik
Effektiv lernen: Lesestrategien

Im Alltag EXTRA 23 — **134**
Sprechen: Politisch aktiv sein · Projekt: T-Shirt-Aufdruck
Papiere: Ausländerbeirat wählen · Projekt: Ausländerbeirat

	Im Alltag	Kommunikation	Grammatik	Aussprache	Deutsch verstehen
24	**Bei uns und bei euch** — über gutes/schlechtes Benehmen sprechen · über Einladungen sprechen · über Höflichkeitsregeln sprechen · interkulturelle Vergleiche machen	Schön, dass Sie da sind. Vielen Dank für den Abend. Leider kann ich nicht … Entschuldigung.	Präpositionen mit Dativ (Zusammenfassung) Nebensätze (Übersicht)	Einen Text sprechen üben	Lesen: Texte zum guten Ton und zur Höflichkeit Hören: Meinungen zu gutem Benehmen — **62**

Arbeitsbuch 24 — **112**
Übungen zu Kommunikation, Wortschatz, Aussprache und Grammatik
Schwierige Wörter

Im Alltag EXTRA 24 — **136**
Sprechen: Gefühle äußern
Papiere: E-Mail-Beratung · Migration global

8 Raststätte 8 — **72**
Leben in Frankfurt · Projekt: Wie kann man eine Stadt entdecken? · Sprechen üben: Informationsaustausch / Gemeinsam etwas planen · Effektiv lernen: Tipps für die Prüfungsvorbereitung · Video: Alltag und Medien, Die Arche Noah · Was kann ich schon? · Ich über mich

Testtraining 8 *Start Deutsch 2:* Hören, Lesen, Schreiben und Sprechen (Modelltest) — **118**

Anhänge: Unregelmäßige Verben: S. 138   Alphabetische Wortliste: S. 139
Verben mit Präpositionen: S. 138   Quellen: S. 144

fünf 5

Das finde ich schön

Ⓐ Emanuel
Ⓑ Birgit 
Ⓒ Andreas 
Ⓓ Katharina 

Lernziele
- Personen und Dinge beschreiben
- über Mode/Schönheit sprechen
- sagen, was man (nicht) mag
- Komplimente machen
- Kontaktanzeigen verstehen

1 Wer ist das?
a Beschreiben Sie eine Person. Die anderen raten.

Aussehen	Die Person ist … / sieht … aus. sportlich • schlank • intelligent • langweilig • interessant • sympathisch … Seine/Ihre Kleidung/Brille/Frisur ist modisch/schick/konservativ …
Alter	Er/Sie ist vielleicht 22 Jahre alt. • Er/Sie ist jung. • Ich denke, er/sie ist über 50.
Wohnen	Er/Sie wohnt in einer Großstadt / in Berlin / auf dem Land / allein / bei seiner/ihrer Familie / mit ihrem Freund zusammen. • Die Wohnung ist groß und hell.
Familie	Er/Sie ist verheiratet/alleinerziehend/Single. • Er/Sie hat … Kinder.
Beruf	Er/Sie ist … / arbeitet als/bei … • Er/Sie macht eine Ausbildung als …
Hobbys/ Vorlieben	Er/Sie macht gern Sport / liest gern / liebt Computerspiele / mag Musik / kocht gern. Er/Sie geht gern spazieren/shoppen / ins Kino / ins Theater …

Ich denke, zu Emanuel passt Foto 1, weil ...

b Welche Fotos 1–4 passen zu welchen Personen A–D? Was denken Sie?

Katharina _____   Birgit _____   Andreas _____   Emanuel _____

c Schreiben Sie Texte zu A–D und 1–4 und lesen Sie vor.

1. Ich glaube, das Auto passt zu ...
   ... mag Autos.
   Ist ... verheiratet? Hat ... eine Familie?
   Nein! Das Auto ist zu klein.

2. In dem Zimmer wohnt ...
   ... ist jung und mag schöne Möbel.
   ... ist sehr ordentlich.
   Ich möchte mit ... mal in die Disco gehen.

3. Hier gibt es eine Party.
   ... hat die Familie eingeladen.
   ... hat auch ein Enkelkind.
   Vielleicht hat ... Geburtstag?

4. ... wohnt allein. Die Wohnung hat ...
   ... mag Blusen, Blumen und Bücher.
   ... kocht gern und ... hat oft Gäste.
   Vielleicht ...

○ 2.2 **d** Lesen Sie 1–4. Sie hören vier Personen. Was ist richtig? Korrigieren Sie die falschen Aussagen.

	R	F
1. In meiner Wohnung habe ich moderne und alte Möbel.	✓	□
2. Ich ziehe mich gerne gut an, aber Kleidung ist für mich nicht so wichtig.	□	✓
3. Wir sehen unsere Kinder und Enkel nur selten.	□	✓
4. Ich liebe alte Autos.	✓	□

2 Adjektive vor dem Nomen

a Lesen Sie die Texte und markieren Sie die Artikel und Adjektive vor den Nomen.

Katharina
Ich habe eine kleine Wohnung mit einer großen, hellen Küche gefunden. Hier stelle ich meinen runden Tisch mit einem modernen Sofa hin. Ich mag es, wenn man moderne mit alten Sachen kombiniert. Im anderen Zimmer stehen schon mein rotes Bett, mein alter Kleiderschrank und mein kleiner Schreibtisch.

Andreas
Im Sommer kommen unsere Kinder mit unseren süßen Enkeln fast jedes Wochenende zum Grillen. Fleisch und Getränke besorgen meine Frau und ich. Die Kinder bringen frische Salate und einen süßen Nachtisch mit. Für die Oma gibt es immer einen bunten Blumenstrauß.

Emanuel
Mein Auto ist etwas kleiner als ein Porsche, aber es wird ein wunderschönes, kleines Auto mit Herz!

Birgit
Meine Freundin hat mir mal eine interessante Farbberatung geschenkt.
Einen hellblauen Pullover oder eine grüne Bluse kann ich nicht tragen. Damit sehe ich alt und krank aus.

b Notieren Sie die Adjektive mit Nomen und Artikel. Markieren Sie die Adjektivendungen.

eine kleine Wohnung, einer großen ...

c Ergänzen Sie die Adjektivendungen in der Tabelle. Sammeln Sie weitere Beispiele.

	Maskulinum ein/mein Tisch	Neutrum ein/mein Sofa	Femininum eine/meine Küche	Plural —/meine Sachen
N	ein runder Tisch	ein altes Sofa	eine helle Küche	~~meine~~ alte Sachen
A	einen runden Tisch	ein altes Sofa	eine helle Küche	meine alten Sachen
D	einem runden Tisch	einem alten Sofa	einer hellen Küche	— alten Sachen meinen alten Sachen

d Ergänzen Sie 1–6.

1. Meine alte Waschmaschine funktioniert noch, aber ich brauche einen neuen Staubsauger.
2. Mein altes Bett mit einer roten Decke ist schön. Davor lege ich einen bunten Teppich.
3. Mein großer Tisch gefällt mir, aber meine alte Lampe möchte ich nicht mehr haben.
4. Dein schwarzes Hemd mit weißen Punkten ist toll, aber deine bunte Hose ist furchtbar.
5. Meine graue Bluse gefällt mir noch, aber meinen blauen Hut trage ich nicht mehr gern.
6. Ich fahre mit meinem alten Mini nach Hamburg. Es ist so ein schönes Auto!

8 acht

e Adjektive trainieren – Sammeln Sie Nomen und Adjektive. Spielen Sie im Kurs.

der	das	die
Freund, Stuhl, Anzug, Rock ...	Hemd, Heft, Buch ...	Bluse, Brille, Freundin ...

alt • neu • kurz • lang • blau • grün • gut • ruhig • nett • freundlich • schön ...

1. Runde: Nominativ

A: Das ist mein Freund.
B: Das ist mein alter Freund. Das ist ein Stuhl.
C: Das ist ein neuer Stuhl. Das ist eine Bluse.
D: Das ist ...

2. Runde: Akkusativ

A: Ich habe einen Freund.
B: Ich habe einen alten Freund. Ich habe einen Stuhl.
C: Ich habe einen neuen Stuhl. Ich habe eine Bluse.
D: Ich habe ...

3 Personen beschreiben

a Wählen Sie eine Person im Kurs aus. Notieren Sie Stichworte.

Maria
Haare: schwarz, glatt, kurz
Augen: braun
Brille: keine
...

die Haare: schwarz, blond, braun • lang, kurz, glatt, lockig
die Augen: blau, grün, grau, braun, schwarz
die Brille: modern, rund, eckig, elegant, sportlich ...
der Lippenstift: rot, rotbraun ...

die Hose • der Rock • die Bluse ... • rot, grün, blau, braun ...
lang, kurz • modern, elegant, schick, sportlich • hell, dunkel

b Beschreiben Sie die Person sehr genau.

Aussehen beschreiben	Interessen/Vorlieben nennen
Sie hat lange, blonde Haare. Er trägt eine moderne, interessante Brille. Heute trägt sie ein blaues T-Shirt und eine helle Hose ...	Ich glaube, sie mag ein gutes Essen mit Freunden. Er geht gerne in ein italienisches Restaurant. Sie findet (vielleicht) schnelle Autos gut. Er mag moderne Kleidung, interessante Filme ...

4 Aussprache: Schwaches e

a Hören Sie und achten Sie auf die Endungen.

Peter trägt am liebsten seine blauen Jeans und einen schwarzen Pullover.

Ben und Anna essen besonders gern einen süßen Nachtisch.

Lisa findet ihren bunten Teppich und ihre alte Lampe schön.

b Üben Sie die Sätze. Sprechen Sie das e ganz schwach.

Ich finde meine bunte Brille schön.

Mir gefallen moderne Lampen.

neun 9

5 Thema „Schönheit"

a Lesen Sie die Texte. Wer findet Mode und Schönheit wichtig? Wer nicht?

Wie viel Zeit und Geld darf Schönheit kosten?

A

Eva Rodi, 42, Verkäuferin
Ich ziehe mich gerne gut an, am liebsten helle Farben. Eine gepunktete Bluse und ein hellgrüner Rock oder ein leichter Hosenanzug – das finde ich schick. Und meine Schönheit lasse ich mir auch was kosten! Ich gebe schon so 120–150 Euro im Monat für Mode und Körperpflege aus. Und morgens brauche ich Zeit. Duschen, Haare waschen, Make-up ... Das dauert meistens eine Stunde. Dafür gibt es zum Frühstück nur eine Tasse Kaffee.

B

Matthias Fröhlich, 27, Werbefachmann
Mode ist wichtig für mich! Ich brauche das für meinen Job. Up to date zu sein ist gut fürs Geschäft. Ich lese Modezeitschriften und gehe oft in Boutiquen. Das ist nicht billig. Das kostet manchmal schon ein paar hundert Euro im Monat. Und dann ist natürlich ein gepflegtes Aussehen wichtig! Ich gehe einmal pro Monat zum Friseur. Mit Anziehen, Duschen usw. brauche ich am Morgen schon so eine halbe Stunde.

C

Barbara Harst, 20, Auszubildende (Schreinerin)
„Kleider machen Leute."– Vielleicht stimmt das ja zum Teil, aber wichtiger ist doch die Persönlichkeit. Ich mag keine modische Kleidung. Meistens kaufe ich meine Sachen in Secondhand-Läden. Ich bin noch in der Ausbildung und habe wenig Geld. Kleidung und Körperpflege dürfen nicht mehr als 50 Euro im Monat kosten. Und morgens gehe ich schnell unter die Dusche. Ich brauche nur zehn Minuten im Bad, weil ich mich vor der Arbeit nicht schminke. Ich frühstücke lieber gemütlich. Für die Disco ziehe ich mich aber schick an und schminke mich.

b Lesen Sie noch einmal und schreiben Sie die Aussagen zu Ende.

1. Eva Rodi sagt, dass ...
2. Eva Rodi gibt im Monat ...
3. Matthias Fröhlich sagt, dass ...
4. Für ihn ist Mode wichtig, weil ...
5. Barbara Harst findet, dass ...
6. Sie schminkt sich nicht, weil ...

1. Eva Rodi sagt, dass sie sich gern gut anzieht.

c „Kleider machen Leute"– Was bedeutet das für Sie?

Projekt: Gut leben – Was heißt das für mich?

Arbeiten Sie in Gruppen.
Sammeln Sie Bilder und Texte
aus Zeitungen und Zeitschriften.
Machen Sie Plakate.

10 *zehn*

19

6 Eine Mode-Umfrage

a Wählen Sie drei Fragen aus und fragen Sie im Kurs. Berichten Sie.

- Interessiert dich Mode?
- Was tust du für dein Aussehen?
- Wie viel Zeit brauchst du morgens im Bad?
- Achten die Deutschen zu viel oder zu wenig auf ihr Aussehen?
- Du hast 300 € für Kosmetik/Kleidung gewonnen. Was kaufst du?
- Gehst du ohne deinen Lippenstift aus dem Haus?
- Manche Leute gehen jede Woche zum Friseur. Wie findest du das?
- Du kannst für einen Tag anders aussehen. Wie möchtest du aussehen?

Darüber möchte ich nicht sprechen.

Ja, ich benutze immer Lippenstift.

Ich denke, dass …

Ich interessiere mich (nicht) für Mode, weil …

b Präpositionen mit Akkusativ – Markieren Sie in 6a die Präpositionen *für/ohne* und die Artikel.

c Ergänzen Sie die Präpositionen und Endungen.

1. Wie viel Geld gibst du _für_ dein_e_ Kleidung aus?
2. Maria geht nie _ohne_ ihr_en_ Hund joggen.
3. Ein modernes Outfit ist wichtig _für_ mein_en_ neu_en_ Job.
4. Ich gehe nie _ohne_ ein__ gut_es_ Frühstück aus dem Haus.
5. _Für_ ein__ gut_es_ Gespräch nehme ich mir immer Zeit.
6. Ich kann _ohne_ mein_en_ neu_en_ Computer nicht arbeiten.
7. Hier ist ein Gutschein _für_ ein_e_ Kosmetikberatung.

Präpositionen mit Akkusativ

für meinen neuen Job
ohne ein gutes Frühstück

7 Komplimente

a Zu welchem Bild passt welches Kompliment?

Ⓐ

Sie sehen gut aus! Waren Sie im Urlaub?

- Hast du eine neue Frisur? Die steht dir gut. Sie macht dich jünger.
- Ist die Brille neu? Sieht super aus. Woher hast du die?
- Du siehst heute richtig gut aus. Geht's dir gut?
- Der Rock sieht toll aus. Er steht dir perfekt.
- Ist heute ein besonderer Tag? Du siehst einfach wundervoll aus!

Ⓑ

b Komplimente bei Ihnen – Sprechen Sie im Kurs.

- Wer macht wann wem Komplimente?
- Was darf man in Ihrer Sprache zu einem Freund / einer Freundin sagen?
- Welche Komplimente gefallen Ihnen?
- Erinnern Sie sich an ein besonderes Kompliment?
- Wann haben Sie zuletzt ein Kompliment bekommen/gemacht?
- Was ist für Sie ein großes Kompliment?

elf 11

Deutsch verstehen

8 Frau Kienzle sucht ...

a Was sucht Frau Kienzle? Lesen Sie den Brief und die Anzeige.

Frau Kienzle (36) hat in der Zeitung diese Anzeige gelesen. Sie schreibt einen Brief und einige Tage später erhält sie eine Antwort.

Raum Düsseldorf: Computerfachmann, 42, 182 cm groß, schlank, Nichtraucher, Naturfreund, Eigenheim, tier- und kinderlieb sucht Sie! Spätere Heirat nicht ausgeschlossen! Ihre Zuschrift unter Chiffre 09121 XP

> Düsseldorf, 31. Mai
>
> Liebe Frau Kienzle,
>
> über Ihren Brief habe ich mich sehr gefreut! Er hat mich neugierig gemacht und ich würde mich sehr gerne bald mit Ihnen treffen. Darf ich Sie am Freitag, 12. Juni um 15 Uhr in das Café Rendezvous einladen?
>
> Sie werden mich sicher gleich erkennen: Ich trage eine Brille

● 2.4 **b Wer ist es? – Sehen Sie das Bild an und hören Sie zu. Machen Sie Notizen.**

Mann in der Mitte: keine Brille
Mann mit der Zeitung: ...

12 *zwölf*

19

9 Traumpaare

a Lesen Sie die Anzeigen. Was wünschen sich die Frauen, was die Männer? Notieren Sie.

Heiraten und Bekanntschaften

① Raum Hamburg: Vermögender Unternehmer sucht romantische und feminine Traumfrau! Niveau und Fremdsprachen sind erwünscht. Spätere Heirat nicht ausgeschlossen! Wenn Sie blond und nicht älter als 30 sind, schreiben Sie mir! **Chiffre: HH 3211**

② Sportlicher, sympathischer, Nichtraucher, 1,82, 42 Jahre, mit kleinem Sohn möchte schlankes, humorvolles, romantisches, weibliches Wesen kennenlernen. Kind(er) erwünscht! Mein Sohn und ich freuen uns auf deine Antwort, am besten mit Bild! **SZ 9081-B**

③ Romantische, natürliche, feminine Sie, 29 (1,72/56) sucht Bekanntschaft mit gebildetem, freundlichem Traummann! Bin in der Welt zu Hause, unabhängig und startklar. Wann schreibst du mir? **W 3802**

④ Rund und gesund, humorvoll und aktiv, warmherzig und tierlieb – das bin ich! Erst 51 (1,58/65) mit eigenem Geschäft und Vermögen. Ich suche zärtlichen, kultivierten Mann um die 60, finanziell unabhängig für gemeinsame Unternehmungen und ein Leben zu zweit. Seriöse Zuschriften mit aktuellen Fotos unter **HB 1244**

⑤ Suche sympathischen, intelligenten, sportlichen Mann um die 40. Kind kein Hindernis! Ich bin natürlich, selbstbewusst und charmant! Freue mich über ernst gemeinte Bildzuschriften unter **Chiffre 3221.**

⑥ Nach schlechter Erfahrung versuche ich es auf diesem Weg: Lehrer, 58 (1,78), geschieden, sucht intelligente, warmherzige Sie, die Mut zu neuer Beziehung hat. Meine Freunde sagen, ich habe Humor und Niveau. Wer schreibt mir? **B 3329**

b Arbeiten Sie zu zweit. Welche Männer und Frauen passen zusammen?

c Welche Informationen gibt es in den Anzeigen nicht? Sprechen Sie im Kurs.

10 Sympathischer Mann sucht sportliche Frau.

a Adjektive vor dem Nomen: ohne Artikel – Markieren Sie die Adjektive in den Anzeigen. Wie viele Endungen finden Sie?

> Vermögend**er** Unternehmer sucht romantisch**e**

N de**r**	netter Mann	das	kleine**s** Kind	die	erfolgreich**e** Frau
A de**n**	(suche) nette**n** Mann	das	(suche) kleine**s** Kind	die	(suche) erfolgreich**e** Frau
D de**m**	(mit) nette**m** Mann	de**m**	(mit) kleine**m** Kind	de**r**	(mit) erfolgreich**er** Frau

b Erfinden Sie Kontaktanzeigen wie in Aufgabe 9. Sprechen Sie über die Anzeigen im Kurs. Wer passt zu wem?

> Sympathischer, ehrgeiziger Deutschlerner (28 / 1,78 / 74) mit kleinem Bankkonto sucht reiche, erfolgreiche Sie mit guten Deutschkenntnissen. Spätere Heirat ausgeschlossen!

c Adjektive und Nomen ohne Artikel findet man oft in der Werbung. Sammeln Sie Beispiele aus Zeitungen und Zeitschriften.

> Heute im Angebot
> frischer Brokkoli
> 1000g / 3€
> rheinisches Bauernbrot
> 1000g / 4,10€
> irische Butter (gesalzen)
> 250g / 1,95€
> spanische Erdbeeren
> 200g / 2,10€

dreizehn **13**

Auf einen Blick

Im Alltag

1 Personen beschreiben

Das ist Anja Meyer.

Sie ist schlank und groß.

Sie ist 35 Jahre alt.

Sie ist 1,75 m groß, schlank, hat dunkelblonde Haare und braune Augen.

Sie trägt oft einen roten Pullover, eine blaue Hose, ein weißes T-Shirt und schwarze Schuhe.

Sie ist Verkäuferin.

Sie mag Sport und hört gerne Musik.

Sie fährt gern Auto.

Sie ist nett und immer freundlich.

2 Sagen, was man mag und nicht mag

Das finde ich schön.
Das gefällt mir.

Ich mag Mode.
Mode interessiert mich sehr.
Das Aussehen ist für mich wichtig.
Ich trage gern Krawatten.

Das finde ich nicht so schön.
Das gefällt mir nicht so sehr.

Mode ist nicht wichtig für mich.
Mode interessiert mich nicht.
Das Aussehen ist nicht so wichtig.
Ich benutze nie Lippenstift.

3 Komplimente

Hast du eine neue Brille?
 Die steht dir gut.

Deine neue Frisur ist toll.
 Sie macht dich jünger.

Ich finde, die Jacke steht dir super.

Dein Mantel gefällt mir.
 Wo hast du den gekauft?

Das Kleid steht dir perfekt.

Du siehst heute richtig gut aus.

Der Rock sieht toll aus.

Kritik äußern
In den deutschsprachigen Ländern passiert es häufiger als in anderen Kulturen, dass man etwas kritisiert. Man muss aber vorsichtig sein. Wenn einem etwas nicht gefällt, sagt man z. B.:

– Das ist nicht so mein Geschmack.
– Das finde ich nicht so gut. / Das gefällt mir nicht so gut.
– Das andere Hemd hat mir besser gefallen.

Im Alltag
EXTRA
▶ S. 126

14 *vierzehn*

Grammatik

1 Adjektive vor dem Nomen – <u>ohne</u> Artikel

Sportlich**er**, sympathisch**er** Nichtraucher, 1,82, 42 Jahre, mit klein**em** Sohn sucht schlank**e**, humorvoll**e**, romantisch**e** Frau für gemeinsam**es** Leben.

de**r** Mann – sportliche**r** Mann
di**e** Frau – romantisch**e** Frau
de**m** Sohn – kleine**m** Sohn
da**s** Leben – gemeinsame**s** Leben

Die letzten Buchstaben von Artikeln und Adjektiven sind gleich.

2 Adjektive vor dem Nomen – nach *ein, kein, mein, dein ...*

Singular

		Maskulinum		Neutrum		Femininum	
N	Das ist	**ein**	schwarz**er** Hut.	**ein**	bunt**es** Hemd.	**eine**	neu**e** Brille.
		mein	schwarz**er** Hut.	**mein**	bunt**es** Hemd.	**meine**	neu**e** Brille.
A	Er trägt	**einen**	schwarz**en** Hut.	**ein**	bunt**es** Hemd.	**eine**	neu**e** Brille.
		meinen	schwarz**en** Hut.	**mein**	bunt**es** Hemd.	**meine**	neu**e** Brille.
D	mit	**einem**	schwarz**en** Hut	**einem**	bunt**en** Hemd	**einer**	neu**en** Brille
		meinem	schwarz**en** Hut	**meinem**	bunt**en** Hemd	**meiner**	neu**en** Brille

Plural

		Maskulinum		Neutrum		Femininum	
N	Das sind	–	schwarz**e** Hüte.	–	bunt**e** Hemden.	–	neu**e** Brillen.
		meine	schwarz**en** Hüte.	**meine**	bunt**en** Hemden.	**meine**	neu**en** Brillen.
A	Er trägt	–	schwarz**e** Hüte.	–	bunt**e** Hemden.	–	neu**e** Brillen.
		meine	schwarz**en** Hüte.	**meine**	bunt**en** Hemden.	**meine**	neu**en** Brillen.
D	mit	–	schwarz**en** Hüte**n**	–	bunt**en** Hemden	–	neu**en** Brillen
		meinen	schwarz**en** Hüte**n**	**meinen**	bunt**en** Hemden	**meinen**	neu**en** Brillen

Ein hat keine Pluralform. *Kein* und alle Possessivartikel (*dein, sein ...*) funktionieren wie *mein*.

3 Präpositionen mit Akkusativ: *für, ohne*

Präposition	Maskulinum	Neutrum	Femininum	Plural
für + A	**für** mein**en** Job	**für** mein Auto	**für** meine Freundin	**für** meine Freunde
ohne + A	**ohne** mein**en** Kaffee	**ohne** mein Handy	**ohne** meine Brille	**ohne** meine Schlüssel

Aussprache

Schwaches *e*

Man spricht *-e* oder *-en* schwach ...

– am Wortende   dank**e** • hör**en** • dein**e** schön**en** Augen • seine blau**e** Jeans
– in *be-* und *ge-*   b**e**kommen • b**e**sonders • der B**e**such • g**e**kauft • g**e**nommen

fünfzehn 15

Komm doch mit!

Lernziele
- über Freizeitaktivitäten sprechen
- sagen, was man (nicht) gerne macht
- Meinungen äußern
- Ratschläge geben
- Texte über Fußball verstehen

Ⓐ Holger Seins
Im Sommer gehe ich oft in den Park zum Schachbrett. Da trifft man fast immer jemanden. Und wenn mal keiner da ist, dann macht das auch nichts. Dann setze ich mich in die Sonne und lese. Im Winter gehe ich ab und zu in den Schachclub, wenn da Turniere sind.

Ⓑ Inka Moy
Im Sommer kann man immer jemanden treffen. Man muss nur in den Park gehen und mit anderen Volleyball oder Tischtennis spielen. Nach dem Spiel gehen immer einige etwas trinken. Aber im Winter ... Wenn man da nicht seinen Freundeskreis hat, kann man sehr allein sein. Viele meinen, dass man in der Kneipe schnell Leute kennenlernen kann. Ich habe da noch niemanden kennengelernt.

1 Aktivitäten
  a Lesen Sie die Texte A–D. Welche Abbildungen passen? Ordnen Sie zu.

Text	A	B	C	D
Bild	2	4	1	3

16 sechzehn

20

Komm mit zur VHS! — Mannheimer Abendakademie
- die Welt anders sehen
- digitale Fotografie für Anfänger
- Bilder machen – Bilder bearbeiten
- 6 Abende und 2 Foto-Expeditionen am Wochenende

③

② ④

Ⓒ Frank Rapp
Ich gehe oft mit meiner Tochter in den Park auf den Spielplatz. Sie spielt und ich sitze auf einer Bank und schaue ihr zu. Die Mütter unterhalten sich und ich lese Zeitung oder höre Musik. Ab und zu treffe ich mich im Park auch mit Bekannten. Wir bringen alle etwas zum Essen und Trinken mit und machen ein Picknick mit den Kindern.

Ⓓ Miriam Favre
Als ich etwas Deutsch konnte, bin ich in andere Volkshochschulkurse gegangen. Ich habe einen Nähkurs und einen Kochkurs gemacht. Das hat Spaß gemacht und ich habe viele Leute kennengelernt. Einige sind heute meine besten Freunde. Im nächsten Semester will ich einen Fotografiekurs machen.

○ 2.5 **b Hören Sie. Zu welchen Bildern passen die Dialoge?**

Dialog	A	B	C
Bild	___	___	___

c Sammeln Sie Freizeitaktivitäten aus den Texten und ergänzen Sie weitere im Kurs.

Picknick machen
Musik hören

2 Was machen Sie gern?
Sprechen Sie über die Fotos und über Ihre Interessen.

☺
Ich mag …
Ich gehe gern in …
Das ist eine gute Idee.

☹
Ich mag Fußball/… nicht. Ich finde … besser.
Ich spiele nicht gern …
Das finde ich nicht so gut. Ich gehe lieber …

Sport im Park finde ich gut. Gibt es das hier auch?

Nein, leider nicht.

Ja, aber ich spiele lieber im Sportverein.

siebzehn **17**

3 Thema „Freizeit"
  a Arbeiten Sie zu dritt. Wählen Sie Fragen aus oder formulieren Sie eigene. Machen Sie Interviews.

  1. Was ist Freizeit für dich?
  2. Wie viel Freizeit hast du?
  3. Was machst du in deiner Freizeit im Sommer/Winter?
  4. Machst du Sport? Welche Sportart?
  5. Hast du ein Hobby? Welches?
  6. Bist du in einem Verein? Warst du früher in einem Verein?
  7. Machst du in der Freizeit viel mit Freunden zusammen?
  8. Möchtest du gern mehr Leute kennenlernen?
  9. Brauchst du viel Geld für deine Freizeit?
  10. Du hast viel Geld und das ganze Wochenende Zeit: Was machst du?

  b Berichten Sie im Kurs.

  Olga hat gesagt, dass sie nur am Wochenende etwas Freizeit hat.

4 Alle, jemand, niemand …
  Was passt? Markieren Sie.

  1. Nach dem Volleyball gehen immer *einige*/man in eine Kneipe.
  2. *Man*/Jemand kann dort ~~einige~~/etwas trinken und essen.
  3. ~~Viele~~/jemand meinen, dass *man*/jemand in einer Kneipe schnell Leute kennenlernen kann.
  4. Das stimmt schon, denn in Kneipen sind oft *viele*/~~alle~~ Leute.
  5. Ich habe da noch *jemanden*/niemanden kennengelernt.
  6. Im Kochkurs habe ich schnell ~~niemanden~~/*jemanden* kennengelernt.
  7. Nächste Woche machen wir ~~einige~~/*etwas* zusammen.
  8. *Einige*/jemand wollen wandern, aber ich will lieber *etwas*/~~nichts~~ anderes machen.

Person
man, jemand/en, niemand/en

Sache
etwas, nichts

Personen/Sachen
alle, viele, einige

20

5 Aussprache: Wörter verbinden

○ 2.6   Hören Sie und sprechen Sie nach.

Und‿du / machst‿du   Und‿du? Was machst‿du in deiner Freizeit?
Brauchst‿du   Brauchst‿du viel Geld in deiner Freizeit?
fünf‿Wochen   Sie hat fünf‿Wochen keinen Sport gemacht.
mag‿Gerd   Welche Sportart mag‿Gerd?
Auf‿Wiedersehen   Auf‿Wiedersehen, bis zum nächsten Mal.

6 Nach dem Spiel

○ 2.7   **a** Hören Sie und raten Sie: Welche Sportart machen die Frauen?

☐ Volleyball   ☐ Fußball   ☐ Basketball

Gibst du mir deinen Kamm?
Ja, das ist meins.
Ist das dein T-Shirt?

b Hören Sie noch einmal. Schreiben Sie die Sätze zu Ende.

1. ● Hast du ein Handtuch?   ○ Nein, ich habe k…
                                  ▲ Ich habe e…!
2. ● Ist hier ein Kamm?   ○ Nein, hier ist k…,
                                    aber Paula hat e…
3. ● Wo ist mein Schuh?   ○ Unter der Bank liegt e…
4. ● Ist das deine Tasche?   ○ Ja, ich glaube, das ist m…
5. ● Ist das dein T-Shirt?   ○ Ja, das ist m…
6. ● Hast du nachher Zeit?   ○ Nein, ich habe k…

Pronomen

	Nominativ	Akkusativ
der Kamm	meiner	meinen
das T-Shirt	meins	meins
die Tasche	meine	meine

c Fragen Sie im Kurs.

Ist das dein Heft?   *Nein, das ist nicht meins. Das ist seins.*

neunzehn 19

7 Ein Kochkurs für Singles

a Lesen Sie die Anzeige und die Texte. Welche Antwort ist richtig? Kreuzen Sie an.

Single-Kochclub sucht Mitglieder!
Verwöhnen Sie sich und andere ...
Beitrag 40 €,
Kochschürze mitbringen!
Freitag, 24. Juni, 18 Uhr,
Fasanenweg 12

Klaus
Ich esse gern, aber ich kann nicht kochen. Allein kochen und essen macht keinen Spaß. Ich langweile mich dabei. Dann habe ich die Anzeige gelesen. Ich wusste sofort: Da melde ich mich an, das interessiert mich!
Freitag: Ich habe mich geduscht und rasiert und dann bin ich in die Stadt gefahren. Ich habe eine Kochschürze gekauft.
17.45 Uhr: Ich war ein bisschen aufgeregt. Um sechs Uhr bin ich zum Kurs gegangen. Ich habe mich vorgestellt und dann haben wir gekocht. Claudia war meine Partnerin. Wir haben uns gut unterhalten und wir haben uns sehr amüsiert. Nach dem Kurs wollte ich mich mit Claudia verabreden, aber dann hat sie sich mit Michael verabredet. Ich habe mich geärgert und bin allein etwas trinken gegangen.

Claudia
Unseren Kochclub gibt es seit fünf Jahren. Wir treffen uns immer freitags und kochen zusammen. Leider sind wir nur Single-Frauen. Dann hatten wir die Idee mit der Anzeige! Ich war sehr aufgeregt.
Freitagnachmittag: Ich habe mich auf den Abend gefreut. Ich habe mich schön angezogen und war schon um fünf Uhr im Kursraum.
Um sechs kamen dann die neuen Mitglieder: Frieda, Klaus und Michael!
Wir haben uns begrüßt und die Neuen haben sich vorgestellt. Dann haben wir gekocht. Klaus war mein Partner. Er hat sich gleich neben mich gesetzt und mich dauernd angesehen.
Nach dem Kurs habe ich mich mit Michael verabredet!

1. Seit wann gibt es den Kochclub?
   a ☐ Seit dem 24. Juni.
   b ☒ Seit einigen Jahren.
   c ☐ Der Club ist neu.

2. Wer hat die Anzeige in die Zeitung gesetzt?
   a ☐ Erika.
   b ☐ Klaus.
   c ☒ Der Kochclub.

3. Was macht Klaus nach dem Kurs?
   a ☐ Er trifft sich mit Claudia.
   b ☐ Er trifft sich mit Michael.
   c ☒ Er geht etwas trinken.

b Markieren Sie die Reflexivpronomen im Text und notieren Sie die Infinitive.

Da melde ich **mich** an, das interessiert **mich**!
Wir treffen **uns** immer freitags ...

sich anmelden, sich interessieren, sich treffen

20

c Reflexivpronomen im Akkusativ – Ergänzen Sie die Sätze.

1. ● Ich besuche dich am Sonntag.
   ○ Oh, toll, da freue ich __mich__ aber. Wann treffen wir __uns__?
2. ● Ich komme um zwölf und dann gehen wir ins Restaurant.
   ○ Können wir __uns__ auch am Abend treffen?
3. ● Ich richte __mich__ ganz nach dir. Aber warum erst am Abend?
   ○ Meine Eltern ärgern __sich__, wenn ich am Sonntag nicht zum Essen komme.
4. ● Und was passiert, wenn ihr __euch__ nicht trefft?
   ○ Dann ruft mein Bruder an und streitet __sich__ mit mir.
5. ● Mögt ihr __euch__ nicht?
   ○ Doch, wir mögen __uns__. Aber die Familie ist für ihn alles.
6. ● Also gut, dann treffen wir __uns__ am Abend.
   ○ Wie ziehst du __dich__ an?
   ● Lass dich überraschen!

Reflexivpronomen Akkusativ
ich	mich
du	dich
er/es/sie	sich
wir	uns
ihr	euch
sie/Sie	sich

d Schreiben Sie eine Anzeige für Ihren Lieblingskurs wie in 7a. Vergleichen Sie im Kurs.

8 Kontakte

a Welche Kontakte haben Herr Kakar und Frau Dimitrov? Hören Sie zu. Was passt zu wem?

1. Ich mache Kurse an der VHS.
2. Ich treffe meine Kollegen nur bei der Arbeit.
3. Ich kenne viele Leute.
4. Ich habe Glück, dass ich Verwandte hier habe.
5. Clubs machen auch Feste und Ausflüge.

b Wo kann man Kontakte knüpfen? – Machen Sie Vorschläge im Kurs.

Volkshochschule • Kollegen ins Kino einladen • Sportverein • Gesangverein …

Ich könnte …
Wenn sie gern tanzt, dann …
Vielleicht könntest du …

Vorschläge machen können
Ich könn**te** …
Du könn**test** …
Er/Sie könn**te** …
Sie könn**ten** …

Projekt: Freizeitmöglichkeiten in Ihrer Region

Machen Sie ein Informationsplakat oder eine Informationsbroschüre.

Wo trifft man viele Menschen?
Wo kann man Picknick machen oder grillen?
Wo kann man Sport machen?
Welche Angebote gibt es für Familien?
Welche Angebote gibt es für Behinderte?
Was kostet wenig Geld?
Wo treffen sich Deutsche und Ausländer?
Welche Vereine gibt es (Musik, Sport …)?

Deutsch verstehen

9 Die schönste Nebensache der Welt: Fußball

Der FC Bayern München

Der FC Bayern München (offiziell: Fußball-Club Bayern München e. V.) ist der berühmteste Fußballclub Deutschlands. Mit 21 nationalen Meisterschaften und 14 DFB-Pokalsiegen ist er auch der erfolgreichste deutsche Fußballverein. In den europäischen Pokalwettbewerben ist er einer von vier Clubs, die alle drei Pokale gewinnen konnten. Der FC Bayern gewann viermal die UEFA Champions League, den Europapokal der Landesmeister und je einmal den Europapokal der Pokalsieger und den UEFA-Pokal. Zweimal hat der FC Bayern den Weltpokal gewonnen.

Mit fast 150.000 Mitgliedern ist er einer von den größten Sportvereinen der Welt.

Weltbekannt ist „der Kaiser" Franz Beckenbauer. Von 1965 bis 1976 war er Profifußballer beim FC Bayern. Seit 1965 hat er in der deutschen Fußballnationalmannschaft gespielt, insgesamt 103 Länderspiele! 1974 wurde er als Spieler mit der Nationalmannschaft Weltmeister. 1972 und 1976 war er Europas Fußballer des Jahres. Von 1984 bis 1990 war Beckenbauer „Teamchef" der Nationalmannschaft und gewann mit ihr 1990 die Fußballweltmeisterschaft. Von 1994 bis 2009 war er der Präsident des Vereins.

Den FC Bayern gibt es seit 1900 und zum Verein gehören noch viele andere Abteilungen: Turnen, Basketball (2 x Deutscher Meister), Schach (9 x Deutscher Meister und 1 x Europacup-Sieger), Handball, Kegeln, Tischtennis, Frauenfußball und Seniorenfußball.

a Lesen Sie den Text und die Aufgaben 1–5. Kreuzen Sie an: richtig oder falsch?

	R	F
1. Der FC Bayern München ist der erfolgreichste Fußballclub der Welt.	☐	☐
2. Der Verein war 21 Mal deutscher Meister im Fußball.	☐	☐
3. Franz Beckenbauer war zwei Mal Fußballweltmeister.	☐	☐
4. Seit 1994 ist Beckenbauer Bundespräsident.	☐	☐
5. Zum FC Bayern gehören viele erfolgreiche Sportabteilungen.	☐	☐

b Lesen Sie noch einmal und notieren Sie Informationen zu den Zahlen und Stichworten.

Deutscher Meister • 1900 • Weltmeister • Kaiser • Schach • Abteilungen • 150 000

c Berichten Sie über Sport in Ihrem Heimatland.

20

10 Frauenfußball

a Lesen Sie 1–4 und den Text. Ordnen Sie die Fragen den Antworten zu.

1. Und noch ein Blick in die Zukunft: Wer wird Deutscher Meister?
2. Wie sind Sie zum FC Bayern gekommen?
3. Wie haben Sie mit dem Fußballspielen angefangen? Das war doch sehr ungewöhnlich für ein Mädchen.
4. Mit 25 Jahren haben Sie sich dann zurückgezogen. Warum?

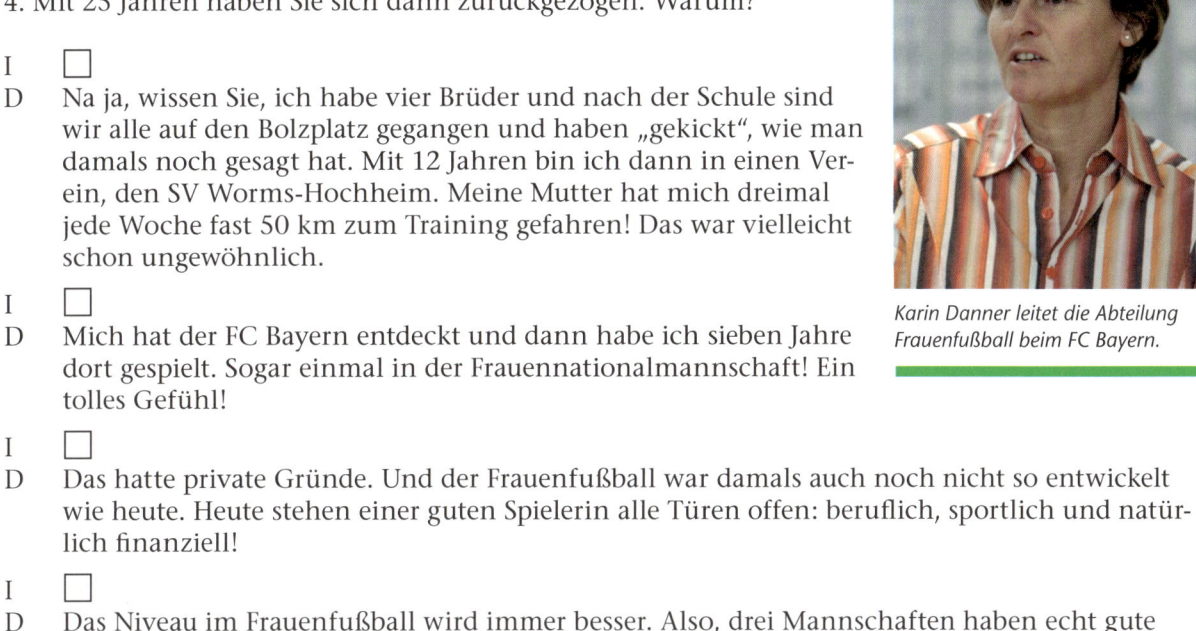

I ☐
D Na ja, wissen Sie, ich habe vier Brüder und nach der Schule sind wir alle auf den Bolzplatz gegangen und haben „gekickt", wie man damals noch gesagt hat. Mit 12 Jahren bin ich dann in einen Verein, den SV Worms-Hochheim. Meine Mutter hat mich dreimal jede Woche fast 50 km zum Training gefahren! Das war vielleicht schon ungewöhnlich.

I ☐
D Mich hat der FC Bayern entdeckt und dann habe ich sieben Jahre dort gespielt. Sogar einmal in der Frauennationalmannschaft! Ein tolles Gefühl!

I ☐
D Das hatte private Gründe. Und der Frauenfußball war damals auch noch nicht so entwickelt wie heute. Heute stehen einer guten Spielerin alle Türen offen: beruflich, sportlich und natürlich finanziell!

I ☐
D Das Niveau im Frauenfußball wird immer besser. Also, drei Mannschaften haben echt gute Chancen und der FC Bayern ist dabei. Wie sagt unser „Kaiser" immer? Schauen wir mal …

Karin Danner leitet die Abteilung Frauenfußball beim FC Bayern.

b Was denken Sie über Frauenfußball?

11 Volker Müller: Aktives Vereinsmitglied

◉ 2.9

a Hören Sie das Interview und kreuzen Sie an: a, b oder c.

1. Was ist Herr Müller von Beruf?
   a ☐ Fußballspieler.
   b ☐ Sportmanager.
   c ☐ Ingenieur.

2. In wie vielen Vereinen ist er Mitglied?
   a ☐ In keinem.
   b ☐ In zwei.
   c ☐ In drei.

3. Einige Vereine haben Probleme, weil …
   a ☐ sich zu wenig junge Leute engagieren.
   b ☐ es zu viele „alte Herren" gibt.
   c ☐ viele Leute keine Hobbys mehr haben.

4. Die Vereine sind wichtig, denn …
   a ☐ sie bieten billige Freizeitaktivitäten an.
   b ☐ sie bringen die Menschen zusammen.
   c ☐ sie machen Politik.

Volker Müller ist aktives Mitglied im Sportverein.

b Was kann man Herrn Müller noch fragen? Schreiben Sie Interviewfragen.

Geld • Zeit • ausländische Mitbürger • „Alte Herren" …

dreiundzwanzig 23

Auf einen Blick

Im Alltag

1 Über Freizeitaktivitäten sprechen

☺
Ich mag Fußball.
Ich gehe gern ins Theater.
Ich helfe gern Menschen.
Ich mache gern Picknick.
Ich gehe oft spazieren.
Im Sommer/Winter …

☹
Ich mag Fußball überhaupt nicht.
Ich gehe nicht gern ins Theater.
Ich mache nicht gern Sport, aber ich …
Picknick finde ich langweilig.
Spazieren gehen mag ich nicht so. Ich fahre lieber Fahrrad.
Ich habe nicht viel Freizeit.

2 Ratschläge geben

Du könntest … in einen Club oder Verein gehen.
im Park Leute beim Sport treffen.
einen Kurs an der VHS machen.
…

Ihr könntet … eine Kursparty machen.
die Kollegen zum Grillen einladen.
einen Ausflug oder ein Picknick organisieren.
…

Man muss … sich selbst informieren.
selbst aktiv sein.
…

3 Vereine – Informationen erfragen

Was kann man in diesem Verein tun?
Wie hoch ist der Mitgliedsbeitrag?
Gibt es zusätzliche Kosten?
Gibt es eine Familienmitgliedschaft?
Gibt es Ermäßigungen für
    Kinder/Behinderte/Studenten/…?

Vereinsstatistik
In Deutschland gibt es fast 600 000 eingetragene Vereine (e. V.). Das heißt, es gibt einen Verein pro zehn erwachsenen Bundesbürger/innen. Viele Deutsche sind gleich in zwei oder drei Vereinen Mitglied und andere mögen Vereine gar nicht.
Die meisten Vereine sind Sportvereine, danach kommen die Freizeit- und Heimatvereine.
Viele Vereine übernehmen soziale Aufgaben. Auch Interessenverbände sind oft Vereine, so z. B. die Bürgerinitiativen für Umweltschutz.

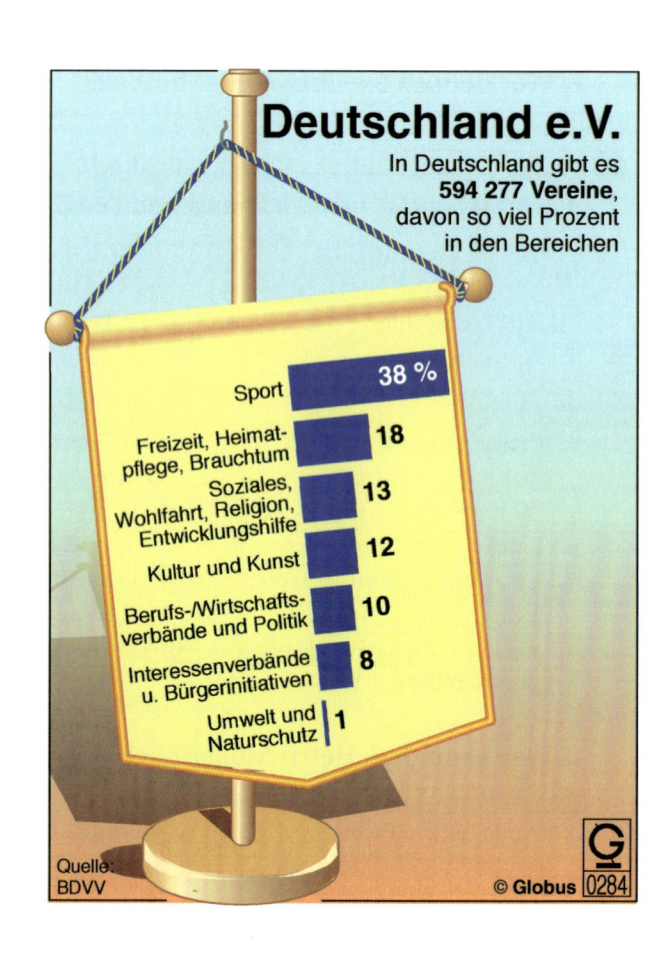

Deutschland e.V.
In Deutschland gibt es **594 277 Vereine**, davon so viel Prozent in den Bereichen

Bereich	%
Sport	38 %
Freizeit, Heimatpflege, Brauchtum	18
Soziales, Wohlfahrt, Religion, Entwicklungshilfe	13
Kultur und Kunst	12
Berufs-/Wirtschaftsverbände und Politik	10
Interessenverbände u. Bürgerinitiativen	8
Umwelt und Naturschutz	1

Quelle: BDVV
© Globus 0284

Im Alltag
EXTRA
▶ S. 128

Grammatik

1 Pronomen

● Ist hier ein Föhn?
○ Nein, hier ist **keiner**.
● Aber da liegt doch **einer**. Ist das **deiner**?
▲ Nein, das ist **meiner**.

● Ich suche mein T-Shirt! Seht ihr **eins**?
○ Hier ist **keins**.
● Aber da liegt doch **eins**!
○ Klar, das ist aber **meins**!

	Nominativ	Akkusativ
der Föhn	 mein**er**	mein**en**
das Auto	 mein**s**	mein**s**
die Tasche	 mein**e**	mein**e**

Auch: deiner, deins, seiner, seins, ihrer, ihrs, unserer, unsers, eurer, euers …

2 Indefinita

Person	man • jemand • niemand
Sache	etwas • nichts

| Personen/Sachen |  alle (Pl.) |  viele (Pl.) | 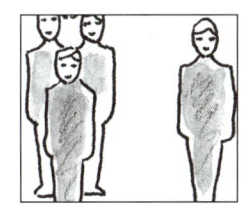 einige (Pl.) |

	nur Singular	nur Plural
Nominativ	jemand, niemand	alle, viele, einige
Akkusativ	jemand**en**, niemand**en**	alle, viele, einige
Dativ	jemand**em**, niemand**em**	alle**n**, viele**n**, einige**n**

3 Reflexivpronomen im Akkusativ

ich	mich	Ich habe mich vorgestellt.	sie	**sich**	Sie ärgert sich immer so schnell.
du	dich	Setz dich bitte auf das Sofa.	wir	uns	Wir können uns nicht verstehen.
er	**sich**	Er rasiert sich in zwei Minuten.	ihr	euch	Unterhaltet ihr euch gut?
es	**sich**	Es hört sich gut an.	sie/Sie	**sich**	Langweilen Sie sich?

Aussprache

Wörter verbinden (Assimilation)

Sie lesen zwei Konsonanten.
Brauchs**t d**u

Sie hören/sprechen nur einen Konsonanten.
Brauchs**t‿d**u viel Geld in deiner Freizeit?

p+b, t+d, g+k, f+w spricht man an der gleichen Stelle im Mund.

Arbeitssuche

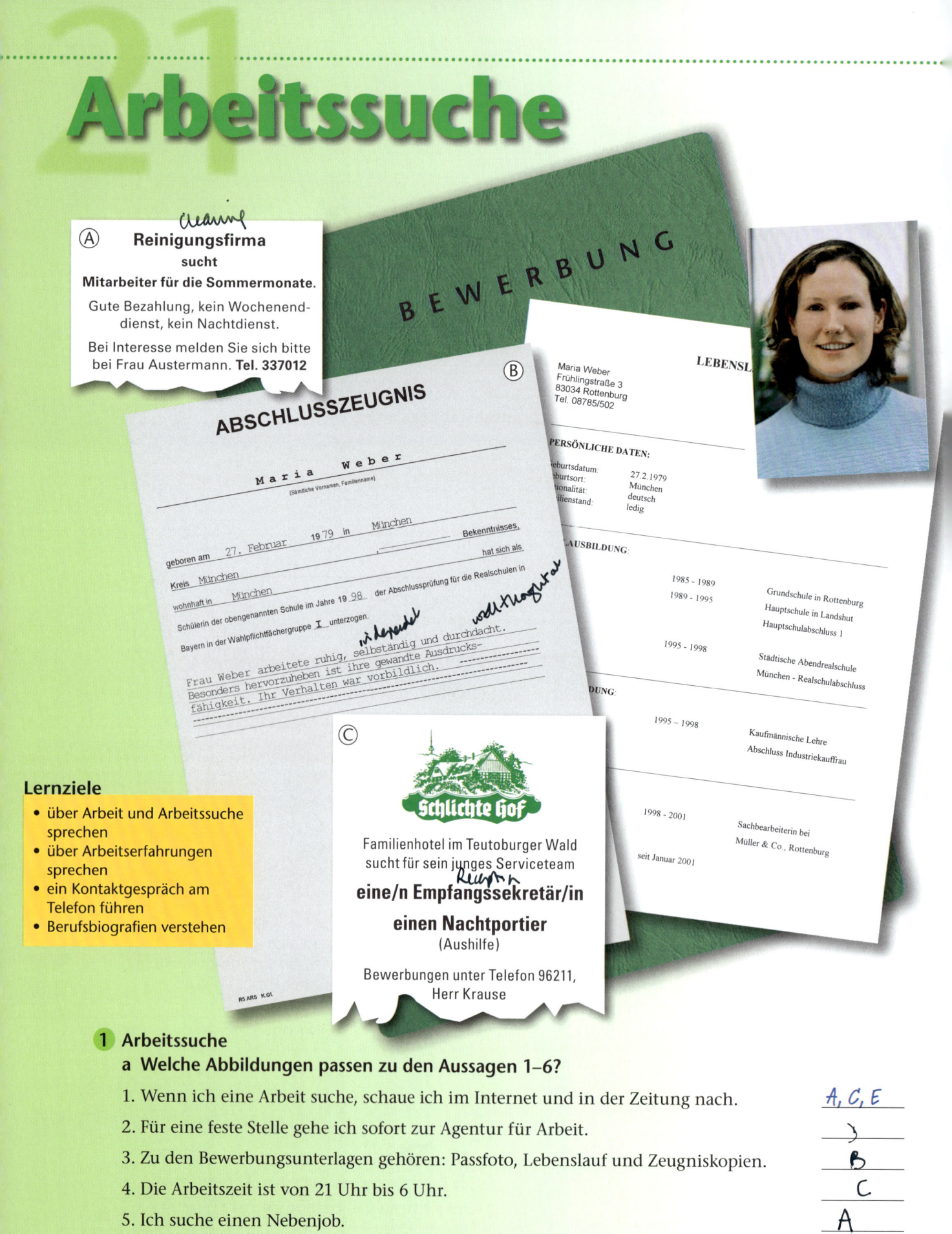

A Reinigungsfirma sucht **Mitarbeiter für die Sommermonate.**
Gute Bezahlung, kein Wochenenddienst, kein Nachtdienst.
Bei Interesse melden Sie sich bitte bei Frau Austermann. Tel. 337012

B ABSCHLUSSZEUGNIS — Maria Weber, geboren am 27. Februar 1979 in München, Kreis München, wohnhaft in München ... der Abschlussprüfung für die Realschulen in Bayern in der Wahlpflichtfächergruppe I unterzogen. Frau Weber arbeitete ruhig, selbständig und durchdacht. Besonders hervorzuheben ist ihre gewandte Ausdrucksfähigkeit. Ihr Verhalten war vorbildlich.

BEWERBUNG

LEBENSLAUF
Maria Weber
Frühlingstraße 3
83034 Rottenburg
Tel. 08785/502

PERSÖNLICHE DATEN:
Geburtsdatum: 27.2.1979
Geburtsort: München
Nationalität: deutsch
Familienstand: ledig

AUSBILDUNG:
1985 - 1989   Grundschule in Rottenburg
1989 - 1995   Hauptschule in Landshut
              Hauptschulabschluss 1
1995 - 1998   Städtische Abendrealschule
              München - Realschulabschluss

1995 – 1998   Kaufmännische Lehre
              Abschluss Industriekauffrau

1998 - 2001   Sachbearbeiterin bei
              Müller & Co., Rottenburg
seit Januar 2001

C Schlichte Hof
Familienhotel im Teutoburger Wald sucht für sein junges Serviceteam
eine/n Empfangssekretär/in
einen Nachtportier
(Aushilfe)
Bewerbungen unter Telefon 96211, Herr Krause

Lernziele
- über Arbeit und Arbeitssuche sprechen
- über Arbeitserfahrungen sprechen
- ein Kontaktgespräch am Telefon führen
- Berufsbiografien verstehen

1 Arbeitssuche
a Welche Abbildungen passen zu den Aussagen 1–6?

1. Wenn ich eine Arbeit suche, schaue ich im Internet und in der Zeitung nach.
2. Für eine feste Stelle gehe ich sofort zur Agentur für Arbeit.
3. Zu den Bewerbungsunterlagen gehören: Passfoto, Lebenslauf und Zeugniskopien.
4. Die Arbeitszeit ist von 21 Uhr bis 6 Uhr.
5. Ich suche einen Nebenjob.
6. Am Wochenende möchte ich nicht arbeiten.

21

Ⓓ

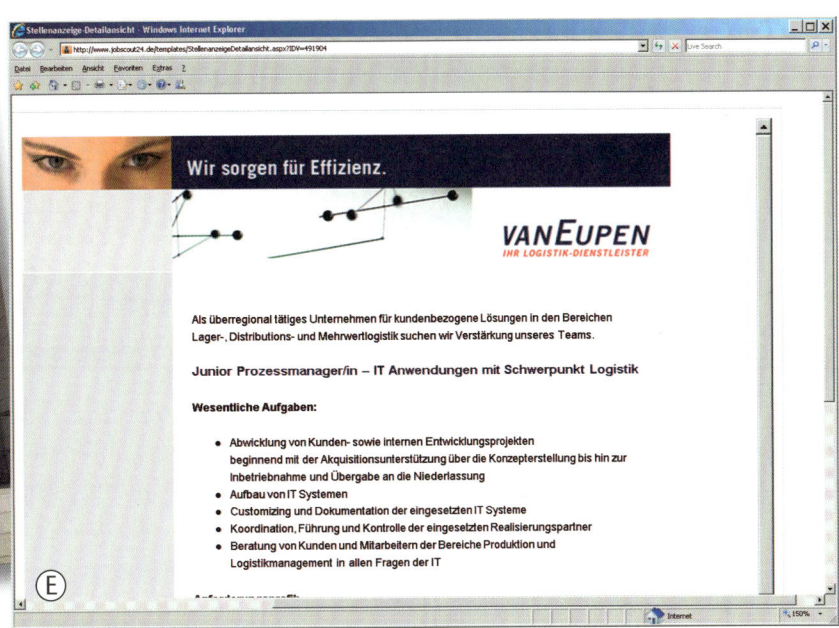

Ⓔ

Wir sorgen für Effizienz.

VANEUPEN
IHR LOGISTIK-DIENSTLEISTER

Als überregional tätiges Unternehmen für kundenbezogene Lösungen in den Bereichen Lager-, Distributions- und Mehrwertlogistik suchen wir Verstärkung unseres Teams.

Junior Prozessmanager/in – IT Anwendungen mit Schwerpunkt Logistik

Wesentliche Aufgaben:

- Abwicklung von Kunden- sowie internen Entwicklungsprojekten beginnend mit der Akquisitionsunterstützung über die Konzepterstellung bis hin zur Inbetriebnahme und Übergabe an die Niederlassung
- Aufbau von IT Systemen
- Customizing und Dokumentation der eingesetzten IT Systeme
- Koordination, Führung und Kontrolle der eingesetzten Realisierungspartner
- Beratung von Kunden und Mitarbeitern der Bereiche Produktion und Logistikmanagement in allen Fragen der IT

b Wo und was haben Sie gearbeitet? Sprechen Sie in kleinen Gruppen.

Ich habe mal drei Monate bei einem Taxiunternehmen gearbeitet.

Wo?	Was?
in einer Fabrik/Tankstelle/…	als Putzhilfe, Aushilfe, Küchenhilfe …
im Supermarkt/Restaurant/Hotel/Büro	Kassierer/in, Kellner/in …
auf dem Bau	Lagerarbeiter/in, Ingenieur/in, Techniker/in …
bei einer Firma	Sekretär/in, Buchhalter/in …
in der Schule / im Kindergarten	Lehrer/in, Erzieher/in …

Ich habe … Jahre in meinem Beruf als … gearbeitet. / Ich war …
… (ein)mal/Wochen/Monate/Jahre als Aushilfe gearbeitet.
… schon Zeitungen ausgetragen / Prospekte verteilt …
Ich arbeite seit …

Welche Arbeit hast du am liebsten gemacht?   *Und welche Arbeit würdest du gerne machen?*   *Was hast du gar nicht gerne gemacht?*

2 Bei der Arbeitsagentur

○ 2.10 **Lesen Sie die Aufgaben 1–6. Hören Sie zu und kreuzen Sie an: richtig oder falsch?**

Was für eine Stelle sucht Frau Weber?   R   F
1. Sie sucht eine volle Stelle. ☑ ☐
2. Sie möchte vormittags arbeiten. ☑ ☑ *nicht nur*
3. Sie verdient netto 650 Euro. ☑ ☐

Wo sucht Frau Weber?
4. Sie hat eine Anzeige aufgegeben. ☑ ☐
5. Sie sucht eine Stelle in der Zeitung. ☐ ☑
6. Sie hat eine eigene Website. ☐ ☑

siebenundzwanzig 27

3 Ein Telefongespräch

a Lesen Sie die Anzeigen. Hören Sie zu. Welche Anzeige passt?

A Aushilfe für Gartenarbeit (privat) in Gütersloh-Friedrichsdorf gesucht.
Tel.: 0 52 09-2 46 12

B Serviererin/Kellner
mit guten Deutschkenntnissen für Restaurant 2–3 x wöchentlich von 18–24 Uhr gesucht.
Restaurant *Zum goldenen Huhn*.
Frau Schmitt ☎ 98 6 26 60

C Wir suchen zur Unterstützung unseres Teams drei Pflegekräfte ab sofort.
flexible Arbeitszeiten
☎ 87 58 29

D Suche Verkäufer/in für Imbiss von Mai bis September.
☎ 36 78 12

E Aushilfsfahrer f. Lkw Kl. II gesucht ☎ 98 27 96

b Hören Sie noch einmal und ergänzen Sie den Text. Lesen Sie dann zu zweit.

● Gerofil KG, mein Name ist Frauke Eydt, was kann ich für Sie tun?

○ Dölken, guten Tag. Ich rufe wegen Ihrer ____Anzeige____ an. Ist die _____ noch frei?

● Ja. Können Sie sofort _____?

○ Eigentlich ja. Mich interessiert aber die_____. Gibt es _____ und muss ich auch am _____ arbeiten?

● Wir haben sehr _____ Arbeitszeiten, die wir immer im Team _____.

○ Und wie hoch ist der _____?

● 8 Euro 50. Am Wochenende 9 Euro.

○ Gut, die Stelle interessiert mich.

● Können Sie gleich morgen zu uns kommen? Gegen 16 Uhr?

Arbeitszeit
anfangen
~~Anzeige~~
flexible
Schichtdienst

Stelle
besprechen
Stundenlohn
Wochenende

c Führen Sie zu zweit Telefongespräche: A sucht eine Arbeit und B ist der/die Arbeitgeber/in.

A Arbeitnehmer	**B** Arbeitgeber
Ich rufe wegen Ihrer Anzeige in der Zeitung an. Ist die Stelle noch frei?	Ja, die Stelle ist noch frei. Nein, die Stelle ist leider schon besetzt.
Wie ist die Arbeitszeit?	Sie arbeiten von … bis … / … Stunden in der Woche / (nicht) am Wochenende.
Wie viel verdient man (pro Stunde)?	Wir zahlen … die Stunde / pro Stunde.
Muss ich auch am Wochenende arbeiten?	Wir haben Schichtdienst / flexible Arbeitszeiten.
Wann kann ich mich vorstellen?	Haben Sie am … um … Uhr Zeit?
Wann kann ich anfangen?	Sie können sofort / am … anfangen.

28　achtundzwanzig

4 Arbeitsplätze

a Lesen Sie. Was gefällt den Personen an ihrem Arbeitsplatz und was nicht? Notieren Sie.

Sabine Göde, 22

Ich arbeite seit zwei Jahren in der Stadtverwaltung. Der sichere Job bei der Stadt mit dem guten Gehalt für Berufsanfänger ist gut. Und die jungen Kollegen in meiner Abteilung sind auch sehr nett.

Peter Schnee, 35

Ich bin verheiratet und habe zwei Kinder. Ich finde hier die leichte Arbeit am Schreibtisch gut. Das moderne, helle Büro ist super, aber mit dem schlechten Lohn kann ich meine Familie nicht ernähren.

Ron Waag, 25

Die moderne Technik ist sehr interessant und den jungen Chef und die neuen Kollegen finde ich sympathisch. Mir gefällt das lockere Arbeitsklima. Aber mit der flexiblen und langen Arbeitszeit habe ich Probleme.

S. Göde: der sichere Job

b Adjektive nach *der, das, die* – Markieren Sie in 4a die Artikel und Adjektive vor den Nomen.

c Ergänzen Sie die Endungen in der Tabelle.

Maskulinum	Neutrum	Femininum	Plural
der Job/Chef/Lohn	**das** Büro/Gehalt	**die** Technik/Arbeit	**die** Kollegen/Gehälter
N der sicher___ Job	das hell___ Büro	die modern___ Technik	die jung___ Kollegen
A den jung___ Chef	das modern**e** Büro	die leicht___ Arbeit	die neu___ Kollegen
D dem schlecht___ Lohn	dem gut___ Gehalt	der schwer___ Arbeit	den gut**en** Gähler**n**

d Wie gefällt Ihnen …? – Schreiben Sie Sätze mit Adjektiven und sprechen Sie.

Mir gefällt … Für mich ist … (nicht) wichtig. Ich finde … (nicht) gut. Ich mag … … mag ich nicht. Ich arbeite gerne mit …	die Firma • die Tätigkeit • die Arbeitszeit • das Büro • der Kollege • die Kollegin • der Chef • die Chefin • das Team • die Gruppe • das Arbeitsklima • die Bezahlung • die Pause …	alt • jung • nett • freundlich • neu • modern • interessant • flexibel • lang • kurz • gut • schlecht • hell • dunkel • lang • kurz • schön • ruhig • laut • groß • klein • langweilig • schwer • leicht

Mir gefällt das moderne, ruhige Büro.
Ich finde das kleine Team gut.

Was gefällt Ihnen an Ihrem Arbeitsplatz / im Deutschkurs …

Ich mag den netten Kollegen mit dem freundlichen Lächeln!

5 Berufsbiografien

a Lesen Sie 1–4 und die Texte A–D. Was gehört zusammen? Ordnen Sie zu.

Text

1. Ich möchte auch Karriere machen. — A
2. Ich habe schon bei vielen Firmen gearbeitet. — C
3. Ich brauche Geld für meinen Sport. — D
4. Ich arbeite gerne mit vielen Menschen zusammen. — B

Text A:
Ich habe mich vor einem halben Jahr um eine neue Stelle beworben und hatte Glück! Ich bin jetzt fast 30 und war schon lange unzufrieden in meinem Job. Eine kleine Firma, ein kleines Büro, ein relativ schlechtes Gehalt und praktisch keine Karrieremöglichkeit. Dann war ich bei der Agentur für Arbeit und habe dort zwei Stellenangebote bekommen, die interessant waren. Ich habe den Firmen meine Bewerbungsunterlagen geschickt. Eine hat gleich abgesagt, bei der anderen Firma arbeite ich jetzt seit einer Woche. Ich habe genau den Job gefunden, den ich immer gesucht habe!

Text B:
Ich bin 46 und habe mich noch nie offiziell um eine Stelle beworben. Ich war auch noch nie bei der Agentur für Arbeit.
Meine Stellen habe ich immer über Kollegen oder Freunde bekommen. Die Stelle, die ich jetzt habe, hat mir ein Freund vermittelt, der auch hier im Freizeitzentrum arbeitet. Ich organisiere die Kurse, die wir anbieten: Krabbelgruppen, Näh- und Kochkurse, Tanzabende für Senioren usw. Eine Rentnerin bietet zum Beispiel einen Kochkurs an, der kostenlos ist. Auch die anderen Kurse sind sehr billig, weil die Stadt uns finanziell unterstützt. Das Freizeitzentrum ist ein Treffpunkt für alle Generationen. Die Arbeit macht mir Spaß!

Text C:
Für meinen tabellarischen Lebenslauf brauche ich fast drei Seiten. So oft habe ich die Stelle gewechselt! Na ja, ich bin jetzt 62 und hoffe, dass ich nicht mehr zur Agentur für Arbeit muss. Drei Jahre war ich auch mal ohne Beschäftigung, weil meine Firma Pleite gemacht hat. Das war schrecklich. Jetzt arbeite ich in einem Altenpflegeheim als Hausmeister. Das ist ein guter Job, den ich auch als Rentner noch machen kann.

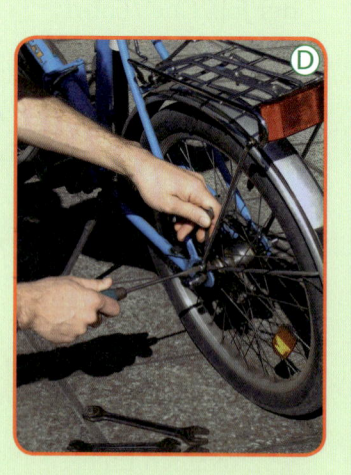

Text D:
Im Moment bin ich noch in der Ausbildung und bekomme BAföG vom Staat. Ich studiere Maschinenbau. Ich habe ein Hobby, das viel Geld kostet: Biken! Als Aushilfe findet man fast immer etwas – auf dem Bau, Lagerarbeiten, in Kneipen jobben, Nachtdienst in der Tankstelle usw. Zurzeit arbeite ich in einer Fahrradwerkstatt, die alles, vom alten Fahrrad bis zum teuren Mountainbike, repariert. Das ist der Job, den ich immer gesucht habe.

b Was steht wo? Notieren Sie.

1. Ich arbeite in einem Seniorenheim. — C
2. Meine Arbeit hat mir nicht mehr gefallen. — A
3. Meine Kollegen haben mir oft geholfen. — B
4. Ich habe mich bei der Firma beworben. — ___
5. Ich bin Student. — D
6. Ich muss viel planen. — B
7. Für mich ist das der ideale Nebenjob. — D
8. Ich habe schon oft Arbeit gesucht. — C

30   dreißig

21

6 Etwas genauer sagen – Relativsätze

a Markieren Sie die Verben in den Relativsätzen.

1. Ich habe genau den Job gefunden, _den_ ich immer gesucht habe!
2. Ich organisiere die Kurse, _die_ wir dort anbieten.
3. Eine Rentnerin bietet einen Kochkurs an, _der_ kostenlos ist.
4. Die Stelle, _die_ ich jetzt habe, hat mir ein Freund vermittelt.
5. Das ist ein guter Job, _das_ ich auch als Rentner noch machen kann.
6. Ich habe ein Hobby, _das_ viel Geld kostet.

b Suchen Sie die Textstellen in Aufgabe 5 und ergänzen Sie die Relativpronomen in 6a.

c Sehen Sie die Darstellung an. Zeichnen Sie die Bögen in die Sätze von 6a.

Ein Relativsatz gibt mehr Informationen zu einem Nomen.

Maskulinum Sg.   Nominativ
Das ist **der Job**, **der** heute in der Zeitung steht.

Femininum Sg.   Akkusativ
Das ist **eine Arbeit**, **die** ich gern mache.

Relativpronomen	m	n	f	Pl.
N	der	das	die	die
A	den	das	die	die

d Ergänzen Sie die Sätze.

1. Ich möchte einen Arbeitsplatz haben, _das_ (N) mir Spaß macht.
2. Das hohe Gehalt, _das_ (A) ich in meinem letzten Job hatte, bekomme ich nie wieder.
3. Frau Simm arbeitet in einer kleinen Firma, _die_ (N) nicht weit von ihrer Wohnung entfernt ist.
4. Herr Bartels hat einen Sohn, _den_ (A) er vor der Arbeit in den Kindergarten bringen muss.
5. Maria hat ein Hobby, _das_ (N) sehr teuer ist.
6. Ich habe alle Bewerbungsmappen, _die_ (A) ich weggeschickt habe, zurückbekommen.
7. Robert Feld hat 22 Jahre bei Opel gearbeitet. Das sind Jahre, _die_ (A) er nicht vergessen möchte.
8. Susanne Thiel sucht einen Job, _den_ (A) sie auch als Rentnerin noch machen kann.

7 Aussprache: Viele Konsonanten

2.12 **a** Hören Sie und sprechen Sie leise mit.

die Arbeit   der Platz   der Arbei**tsp**latz
der Aufstieg   die Möglichkeiten   die Aufstie**gsm**öglichkeiten
das Gehalt   die Erhöhung   die Geha**lts**erhöhung
der Beruf   der Wunsch   der Beru**fsw**unsch

b Üben Sie zu zweit. Sprechen Sie langsam und genau. Hören Sie zur Kontrolle.

einunddreißig 31

Deutsch verstehen

8 Ein ungewöhnlicher Beruf

🔊 2.13   **a** Sehen Sie das Bild an und hören Sie dann Teil 1 vom Interview. Was ist richtig: a, b oder c? Kreuzen Sie an.

Bildbeschriftungen: das Feuer, retten, das Feuerwehrauto, löschen, die Sanitäterin, versorgen, der Feuerwehrmann

1. Die Feuerwehr-Olympiade ist …
   - [a] ein Intelligenztest.
   - [b] ein Sportfest.
   - [c] ein sportlicher Test.

2. Der Einstellungstest …
   - [a] ist nur schriftlich.
   - [b] ist schriftlich und mündlich.
   - [c] dauert neun Monate.

3. Zur Ausbildung gehört …
   - [a] ein Rettungskurs.
   - [b] ein Informatikkurs.
   - [c] ein Sprachkurs.

4. Bewerben können sich …
   - [a] nur deutsche Staatsbürger.
   - [b] über 18-jährige aus der EU mit Berufsausbildung.
   - [c] nur Handwerker.

🔊 2.14   **b** Hören Sie Teil 2. Was ist richtig: a, b oder c? Kreuzen Sie an.

1. Die Arbeitszeit ist …
   - [a] täglich acht Stunden.
   - [b] ein 24-Stunden-Dienst.
   - [c] täglich bis 17 Uhr.

2. Das Gehalt ist …
   - [a] 3500 € im Monat.
   - [b] 17000 € im Jahr.
   - [c] ungefähr 1800 € im Monat.

3. Für diesen Beruf …
   - [a] bewerben sich wenige Leute.
   - [b] bewerben sich viele Leute.
   - [c] bewerben sich nur Männer.

4. In der Freizeit …
   - [a] spielt er nur mit den Kindern.
   - [b] hat er die Kinder und Hobbys.
   - [c] arbeitet er als Handwerker.

21

c Hören Sie beide Teile des Interviews noch einmal. Schreiben Sie die Sätze.

1. Herr Rasenberger arbeitet bei …
2. Früher war er … und dann hat er sich für die Stelle beworben, weil …
3. Der Einstellungstest ist … Danach gibt es eine Ausbildung in …
4. Sie dauert … Danach …
5. Sein Dienst dauert …, danach hat er … frei.
6. Ein dreißigjähriger Feuerwehrmann verdient …
7. In seiner Freizeit …

1. Herr Rasenberger arbeitet bei der Feuerwehr.

d Mein Traumberuf – Was wollten Sie als Kind werden?

9 Das halbe Leben?

a Lesen Sie den Text und die Aussagen 1–6. Kreuzen Sie an: richtig oder falsch?

Arbeit ist das halbe Leben?

Oh ja! – Aber eben nur das halbe. Für mich ist die andere Hälfte genauso wichtig und die spielt sich in der Freizeit ab. Ich arbeite viel und bin beruflich oft unterwegs, deshalb brauche ich auch Zeit für die Familie und für meine Freunde.

Ich brauche Zeit für Kultur oder Fortbildung und ich will Zeit haben für soziales Engagement, Mitarbeit in einem Verein oder einer Initiative.

Und dann ist da natürlich noch der ganz normale Alltag: einkaufen, putzen und Wäsche waschen, Reparaturen, Arztbesuche, der private Bürokram, mit den Kindern spielen, Probleme in der Familie diskutieren usw.

Und manchmal will ich einfach nichts tun: ausruhen, lesen, reden, spazieren gehen, lieben oder über das Leben nachdenken.

Ganz schön viel für eine Hälfte!

	R	F
1. Wir müssen wieder mehr arbeiten.	☐	☒
2. Arbeit ist wichtig, aber nicht allein.	☐	☐
3. Man muss auch genug Zeit für andere Aktivitäten haben.	☐	☐
4. Man muss immer aktiv sein.	☐	☐
5. In der „Freizeit" muss man auch viele Dinge erledigen.	☐	☐
6. Ich habe nicht genug Zeit für meine Freunde und Familie.	☐	☐

b „Arbeit ist das halbe Leben." – Wie ist das für Sie? Diskutieren Sie im Kurs.

- Mein Problem ist, dass ich keine Arbeit habe.
- Ich habe einen Job, der …
- Wenn man Arbeit hat, dann hat man keine Zeit und wenn man Zeit hat …
- Meine Mutter ist schon alt, ich brauche viel Zeit für …
- Ich spiele aktiv Badminton in einem Verein. Da …
- Wir haben drei kleine Kinder, die viel Zeit brauchen …

dreiunddreißig 33

Auf einen Blick

Im Alltag

1 Fragen und Antworten zum Arbeitsplatz

Arbeitnehmer	Arbeitgeber
Ich rufe wegen Ihrer Anzeige in der Zeitung an. Ist die Stelle noch frei?	Ja, die Stelle ist noch frei. Nein, die Stelle ist leider schon besetzt.
Wie ist die Arbeitszeit?	Sie arbeiten von … bis … / … Stunden in der Woche / (nicht) am Wochenende.
Was verdient man (pro Stunde)? Wie hoch ist der Stundenlohn?	Wir zahlen … die Stunde.
Muss ich auch am Wochenende arbeiten?	Wir haben Schichtdienst / flexible Arbeitszeiten.
Wann kann ich mich vorstellen?	Haben Sie am … um … Uhr Zeit?
Wann kann ich anfangen?	Sie können sofort / am … anfangen.

2 Die Bewerbungsunterlagen

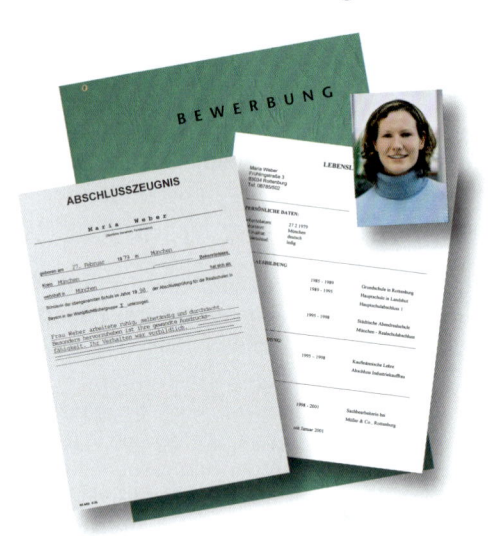

Zu den Bewerbungsunterlagen gehören immer:

– Anschreiben mit Unterschrift
– Schulabschlusszeugnis(se) (Kopie)
– Arbeitszeugnisse (Kopie)
– tabellarischer Lebenslauf mit Datum und Unterschrift
– aktuelles Passfoto (Rückseite mit Name und Datum)

> **TIPP**
> - Bewerbungsmappen gibt es in vielen Geschäften.
> - Die Bewerbungsunterlagen immer korrigieren lassen.
> - Das Anschreiben für jede Bewerbung neu machen und auf die Stellenanzeige eingehen.
> - Die eigenen Stärken betonen: Was kann ich besonders gut? Warum braucht die Firma mich?
> - Machen Sie von Ihrer Bewerbung eine Kopie. Dann wissen Sie, was Sie geschrieben haben, wenn Sie zu einem Vorstellungsgespräch eingeladen werden.
>
> www Suchwörter: Bewerbungsmappe Tipps, Bewerbungsunterlagen

3 Wo haben Sie gearbeitet? Was haben Sie gearbeitet?

Ich habe in einer Fabrik gearbeitet.	Ich war Aushilfe in der Verpackungsabteilung.
Ich habe Berufserfahrung auf dem Bau.	Ich habe drei Jahre als Elektriker gearbeitet.
Ich habe drei Jahre im Büro gearbeitet.	Ich war Sekretärin/Sachbearbeiterin …
Ich bin ausgebildete Erzieherin.	Zu Hause habe ich in einem Kindergarten gearbeitet.
Ich habe eine Lehrerausbildung.	Ich war zehn Jahre lang Mathematiklehrerin in den Klassen 6 bis 10.
Ich habe fünf Semester Maschinenbau studiert.	In dieser Zeit habe ich in einem Ingenieurbüro gejobbt.
Ich habe ein abgeschlossenes Biologiestudium.	Danach habe ich in einer Firma gearbeitet.

Im Alltag EXTRA
▶ S. 130

21

Grammatik

1 Adjektive vor dem Nomen und nach: *der, das, die …*

N	Das ist	**der** neu**e** Arbeitsplatz / **das** neu**e** Büro / **die** neu**e** Chefin.
A	Ich mag	**den** neu**en** Arbeitsplatz / **das** neu**e** Büro / **die** neu**e** Chefin.
D	Mir gefällt die Arbeit mit	**dem** neu**en** Kollegen / **der** neu**en** Kollegin / **dem** gut**en** Gehalt.

	Maskulinum	Neutrum	Femininum	Plural
N	**der** neu**e** Arbeitsplatz	**das** neu**e** Büro	**die** neu**e** Chefin	**die** neu**en** Arbeitsplätze
A	**den** neu**en** Arbeitsplatz	**das** neu**e** Büro	**die** neu**e** Chefin	**die** neu**en** Arbeitsplätze
D	**dem** neu**en** Arbeitsplatz	**dem** neu**en** Büro	**der** neu**en** Chefin	**den** neu**en** Arbeitsplätze**n**

⚠ ho**ch** – das ho**he** Gehalt • teu**er** – der teu**re** Computer • dunk**el** – das dunk**le** Büro

2 Nebensätze: Relativsatz
Gebrauch und Struktur

Wir bieten **einen Kurs** an. **Einen Kurs**, **der kostenlos ist**.
Einen Kurs, **den nur Männer besuchen**.

Ein Relativsatz gibt mehr Informationen zu dem Nomen im Hauptsatz.

Hauptsatz	Relativsatz (Nebensatz)		
	Relativpronomen		Verb
Ich organisiere die Kurse,	**die**	wir im Freizeitzentrum	anbieten.
Das ist ein Arbeitsplatz,	**den**	ich auch als Rentner	machen kann.

Bei Relativsätzen steht das konjugierte Verb immer am Ende.

Relativpronomen: Nominativ und Akkusativ

	Maskulinum	Neutrum	Femininum	Plural
N	der	das	die	die
A	den	das	die	die

Sie bietet einen **Kurs** an, **der** kostenlos ist.

Sie bietet einen **Kurs** an, **den** nur Männer besuchen.

Sie bietet einen Kurs an, **der** kostenlos ist. (N)

Sie bietet einen Kurs an, **den** nur Männer besuchen. (A)

Das **Genus** (*der, das, die*) vom Relativpronomen richtet sich nach dem Bezugswort im Hauptsatz.

Der **Kasus** (N, A, D) richtet sich nach dem Verb im Nebensatz.

Aussprache

Viele Konsonanten sprechen

Komposita haben häufig viele Konsonanten. Sie müssen jeden Laut sprechen.
Sprechen Sie die Wörter zuerst langsam und sehr klar, dann etwas schneller, dann normal.

der A̲r-bei**ts**-pl̲atz   der A̲rbei**ts**-pl̲atz   der A̲rbei**ts**platz
der Be-ru̲**fs**-wunsch   der Beru̲**fs**-wunsch   der Beru̲**fs**wunsch

fünfunddreißig 35

Raststätte

① Leipzig, die Stadt der friedlichen Revolution

Zehntausende Menschen gingen im Herbst 1989 nach den traditionellen Montagsgebeten in der Nicolaikirche zum öffentlichen Protest auf die Straße.
Die aufregenden Bilder von den „Montagsdemos" gingen um die ganze Welt: Die Menschen riefen „Wir sind das Volk." und forderten demokratische Rechte. Mit ihrer Kritik an den undemokratischen Verhältnissen in der DDR hatten sie großen Anteil an der Wiedervereinigung Deutschlands im Jahr 1990.

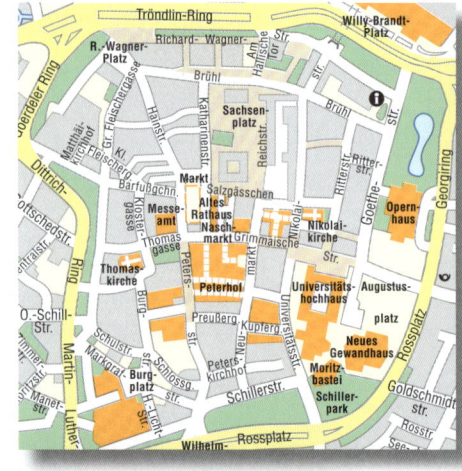

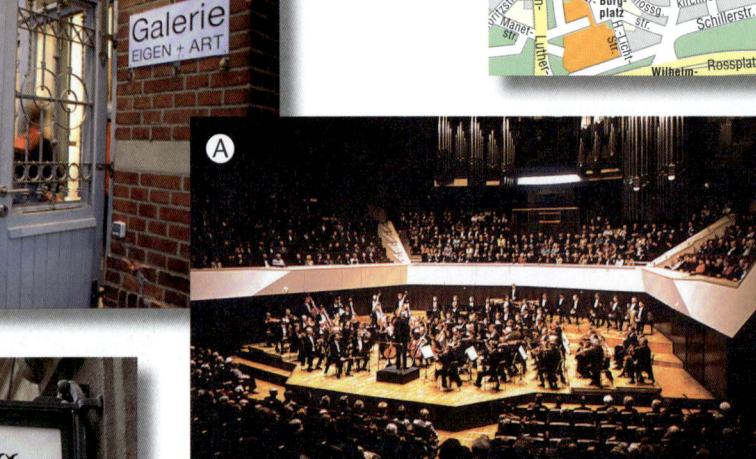

② Leipzig, die Genussstadt

Seit über dreihundert Jahren gibt es in Leipzig das erste Kaffeehaus Sachsens. Es heißt „Zum Coffe Baum" und wurde im Jahr 1694 eröffnet. Die erste Filtertüte der Welt kommt aber aus Dresden! Frau Melitta Benz hat sie Anfang des 20. Jahrhunderts erfunden. In Leipzig steht auch eines der bekanntesten Gasthäuser Deutschlands: *Auerbachs Keller*. Er ist weltbekannt, weil hier eine Szene des berühmtesten deutschen Theaterstücks – Goethes „Faust" – spielt.

❶ Leipzig: ein Porträt

a Viele Städte in einer – Lesen Sie 1–5 und ordnen Sie die Texte den Fotos zu.

Bild	A	B	C	D	E
Text	___	___	___	___	___

⊙ 2.15   b Hören Sie zu. Zu welchen Bildern passen die Aussagen?

Bild	A	B	C	D	E
Aussage	___	___	___	___	___

36 *sechsunddreißig*

7

Leipzig

③ Leipzig, die „Buchstadt"

Die Leipziger Buchmesse ist eine der ältesten auf der Welt. Vor 1945 hatte die Stadt die meisten Verlage Deutschlands.
Der Börsenverein der deutschen Buchhändler wurde 1825 in Leipzig gegründet. Seit 1917 sammelt die Deutsche Bücherei alle deutschsprachigen Veröffentlichungen und hat zurzeit etwa 5,5 Millionen Bücher.

④ Leipzig, die Kulturstadt

Das *Gewandhausorchester* ist seit 250 Jahren weltberühmt. Den Thomanerchor gibt es seit 800 Jahren. Der berühmte Komponist Johann Sebastian Bach lebte und arbeitete hier von 1723 bis 1750.
Seit fast zwanzig Jahren gibt es einen neuen Beitrag zur Kulturstadt Leipzig: die Malerei. Die sogenannte „Neue Leipziger Schule" um den Maler Neo Rauch und die Galerie *Eigen + Art* hat weltweit großes Aufsehen erregt.

⑤ Leipzig, die Messestadt

Durch seine günstige geografische Lage war Leipzig schon lange ein wichtiges Handelszentrum. Seit dem Mittelalter gibt es Messen in Leipzig. Und die berühmte „Leipziger Messe" ist heute über 500 Jahre alt.
Jährlich kommen Hunderttausende zum neuen Messegelände am Stadtrand und in die Messehäuser im Stadtzentrum. Im Laufe der Zeit hat sich die „Leipziger Messe" gewandelt: Früher wurden in erster Linie Konsumgüter, also Waren ausgestellt. Dann wurde sie zur ersten Mustermesse der Welt.

Projekt: Deutsche Städte

a Sammeln Sie Informationen zum Thema.

Was ist interessant in Ihrer Stadt / einer anderen Stadt in Deutschland?
Essen/Trinken • Kultur • Natur/Umgebung • Politik/Geschichte …

b Machen Sie in Gruppen Wandzeitungen oder kleine „Touristeninformationen".

siebenunddreißig 37

Raststätte

2 Leute

a Wählen Sie eine Person aus und erfinden Sie ihre Biografie. Arbeiten Sie zu dritt.

- Name, Alter, Schulbildung, Beruf
- Hobbys, Interessen
- verheiratet, ledig, geschieden
- Familie, Kinder
- Geschmack (Kleidung, Essen, Musik …)
- Eigenschaften (in/tolerant, un/kritisch, un/sympathisch …)
- ein wichtiges Ereignis in seinem/ihrem Leben
- Zukunftspläne

b Schreiben Sie die „Biografie" auf ein Plakat. Die anderen müssen raten, welche Person das ist.

> Sie heißt Felice Lembeck.
> Sie ist 26 Jahre alt.
> Sie wohnt in Würzburg.
> …

> Er hat die Realschule besucht und danach eine Lehre bei der Bank gemacht.
> Heute arbeitet er in einem Hotel in der Buchhaltung.
> Er ist verheiratet und hat zwei Kinder.

- Macht er Sport?
- Ja, er, äh, wie heißt das? Er geht auf Berge …
- Bergsteiger!
- Vielleicht ist sie Lehrerin.
- Nein, sie ist doch keine Lehrerin, sie ist Buchhalterin.

Effektiv lernen

Deutsch im Alltag – ein Fragebogen
Beantworten Sie die Fragen und vergleichen Sie dann im Kurs. Überlegen Sie:

Wer hat wie gelernt?
Wer kann was besser machen?
Wer kann wem helfen?

1. Wie viel Zeit (in Minuten) haben Sie in der letzten Woche außerhalb des Kurses ...

    – Deutsch gesprochen?   _____ Minuten
    – Deutsch gehört?   _____ Minuten
    – Deutsch gelesen?   _____ Minuten
    – Deutsch geschrieben?   _____ Minuten

2. Mit wem außerhalb des Kurses haben Sie Deutsch gesprochen?
    – Mit anderen Lernenden. ☐
    – Mit anderen Personen. ☐ In welchen Situationen? _____
    _____
    _____

3. Waren die Gespräche „erfolgreich"? ☐ ja ☐ nein
    Wenn es Probleme gab: Welche?
    _____
    _____

4. Was haben Sie auf Deutsch gelesen? Wie war es (leicht/schwer, interessant/langweilig ...)?
    _____
    _____

5. Haben Sie etwas auf Deutsch geschrieben? Was? Wie war es?
    _____
    _____

6. Notieren Sie zehn Wörter, die Sie außerhalb des Unterrichts neu gelernt haben.
    _____
    _____

    Wo haben Sie sie gelernt? _____

7. Welche Fortschritte haben Sie in der letzten Woche in Deutsch gemacht? Markieren Sie bitte (10 = große Fortschritte, 1 = fast keinen Fortschritt).
    10   9   8   7   6   5   4   3   2   1

8. Was möchten Sie in der nächsten Woche besonders üben (Lesen, Hören, Grammatik ...)? Wie wollen Sie das machen?

neununddreißig 39

Raststätte

Video

Teil 1
Freizeitaktivitäten

a Welche Sportart macht Dezsö jeden Samstagnachmittag?

b Welche Aussage ist richtig? Vergleichen Sie mit dem Video.

1. Dezsö erzählt, …
   a dass er in einem Verein Fußball spielt.
   b dass er nicht so gut Deutsch spricht.
   c dass er Freizeit-Kicker ist.

2. Wo kann man am besten Leute kennenlernen?
   a Im Biergarten.
   b Beim Sport.
   c Im Deutschkurs.

Teil 2
Die Bewerbungsmappe

Welche Unterlagen gehören in eine Bewerbungsmappe?

Das Vorstellungsgespräch

a Ruth gibt Gasan wichtige Tipps. Welche? Markieren Sie.

1. Beim Begrüßen ist Augenkontakt wichtig!
2. Sag, dass du einen Kaffee möchtest.
3. Geh rein und warte erst mal, bis man dir einen Platz anbietet.
4. Frag zuerst nach den Fahrtkosten.
5. Teamerfahrung ist wichtig! Sag einfach, du spielst Fußball.
6. Sei ruhig selbstbewusst, aber bleib immer höflich!
7. Geh rein und setz dich gleich hin.

b Ordnen Sie die Tipps in die richtige Reihenfolge.

Geh rein und …

40 *vierzig*

7

Was kann ich schon?

Machen Sie die Aufgaben 1–6 und kontrollieren Sie im Kurs.

1. Über Freizeit sprechen – Wählen Sie ein Thema und schreiben Sie drei Sätze.

   Freizeit/Sport • Geld • Verein • Freunde • Familie • Hobby

2. Beschreiben Sie Ihren besten Freund / Ihre beste Freundin.

   Aussehen • Alter • Wohnen • Familie • Beruf

3. Sie möchten Informationen über eine neue Arbeitsstelle haben. Fragen Sie:

   Arbeitszeit • Gehalt • Termin für ein Gespräch

4. Welche Informationen gehören in einen tabellarischen Lebenslauf?

   Schulabschluss ...

5. Komplimente machen
   - Ihre Lehrerin war im Urlaub.
   - Ihr Partner / Ihre Partnerin trägt ein neues Kleidungsstück.

6. Sie planen ein Picknick mit Freunden. Was fragen Sie?

   Ort • Zeit • Personen • Essen und Trinken

Mein Ergebnis finde ich: ☺ 😐 ☹

Ich über mich

Das mache ich gerne. Schreiben Sie Ihren Text.

Ich mache gerne Sport! Ich sitze den ganzen Tag im Büro und muss mich bewegen. Am Dienstag und Donnerstag treffen wir uns nach der Arbeit zum Volleyball. Im Sommer spielen wir im Park, im Winter in einer Turnhalle. Wir sind kein Verein, wir machen Freizeit-Sport.
Vor drei Jahren hat mich eine Kollegin mitgenommen. Seitdem komme ich regelmäßig. Und ich habe viele nette Leute kennengelernt. Einige sind heute richtig gute Freunde. Wir machen oft etwas zusammen: Wir gehen ins Kino, ins Konzert oder kochen auch zusammen.

Ich bin 48, ledig und arbeite halbtags in einem Supermarkt. Ich verdiene nicht viel, aber es reicht. Und ich habe Zeit. Früher konnte ich nichts damit anfangen. Aber seit einem Jahr arbeite ich am Nachmittag in einem Hort. Wir spielen zusammen, wir arbeiten im Garten oder ich helfe den größeren Kindern bei den Hausaufgaben. Mein Leben ist jetzt irgendwie sinnvoller. Ich habe selbst keine Kinder, aber von Montag bis Freitag eine große bunte Familie.

einundvierzig 41

Alltag und Medien

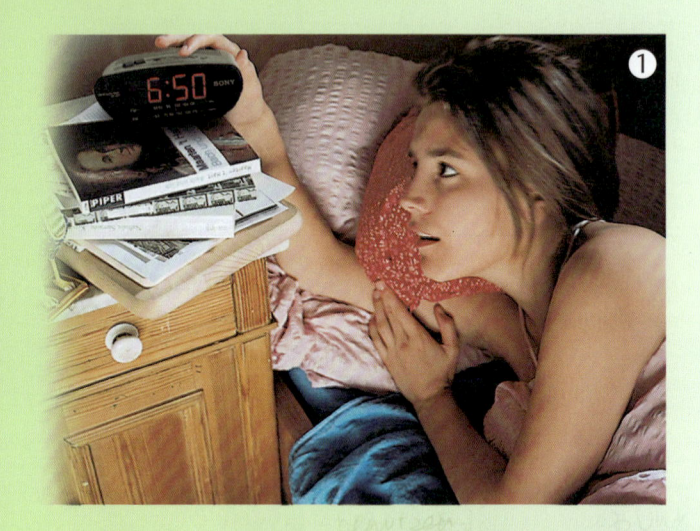

Lernziele
- über Medien sprechen
- eine Statistik verstehen
- über Fernsehgewohnheiten sprechen
- Argumentieren
- Texte über Medien verstehen

1 Bilder und Wörter
a Ordnen Sie die Wörter und Ausdrücke den Bildern zu. Kennen Sie noch andere Wörter?

der Anhang • der Blog • das Buch • der Chat • die E-Mail • der Fernseher • die Festplatte • der Film • das Handy • das Internet • der MP3-Player • das Radio • die Sendung • die SMS • das Telefon • der USB-Stick • die Zeitung • die Zeitschrift …

abschicken • anrufen • anschalten • ausschalten • empfangen • fernsehen • googeln • herunterladen • hören • mailen • online sein • skypen • telefonieren • twittern • umschalten • zappen • ziehen (auf) …

Ruf mich bitte zurück. • Ich ruf dich später noch mal an. • Es war immer besetzt. • Sprich mir auf den Anrufbeantworter / die Mailbox. • Ich schreibe dir eine SMS. • Ich habe dir eine Mail geschickt. • Ich komme zurzeit nicht ins Netz. • Hast du schon den neuen Blog gelesen? • Kannst du mir den Anhang herunterladen? • Ich ziehe mir die Musik auf den MP3-Player. …

Bild 1: das Radio, anschalten, hören

42 zweiundvierzig

22

2.16–18 b Sie hören drei Alltagsbeschreibungen. Welche passt zu den Bildern?

c Hören Sie noch einmal. Welche Medien benutzen die beiden anderen Personen?

Mädchen: Radio ...

d Welche Medien benutzen Sie im Alltag? Schreiben Sie und erzählen Sie im Kurs.

Morgens um sechs klingelt mein Radiowecker. Ich wache gern mit Musik auf.
Wenn ich ins Bad gehe, ...
Beim Frühstücken lese/höre/sehe ich ...
Auf dem Weg zur Arbeit habe ich immer meinen MP3-Player dabei.
Bei der Arbeit ... / Nach der Arbeit ...
Am Wochenende ...
...

dreiundvierzig **43**

2 Die Deutschen und die Medien
Lesen Sie die Statistik und ergänzen Sie die Sätze.

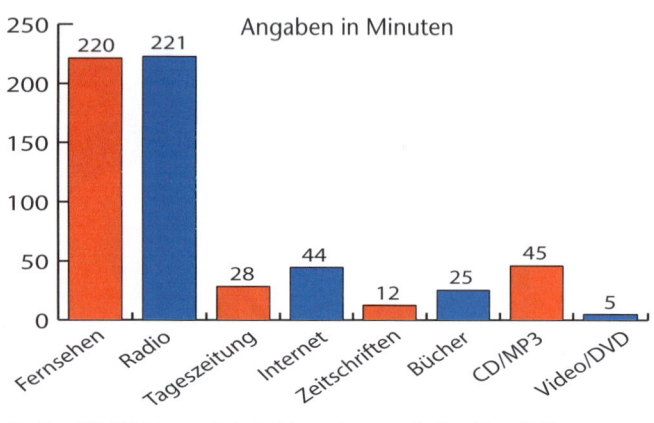

Angaben in Minuten:
- Fernsehen: 220
- Radio: 221
- Tageszeitung: 28
- Internet: 44
- Zeitschriften: 12
- Bücher: 25
- CD/MP3: 45
- Video/DVD: 5

Quelle: ARD/ZDF-Langzeitstudie Massenkommunikation (Stand 05)

1. Am meisten benutzen die Deutschen *Radio*
2. Die Deutschen sitzen jeden Tag *zwei und halb Uhr Fernseh*
3. Im Internet *benutzen die Deutschen 44 minuten durchschnittlich jede tag*
4. Video sehen sie …
5. Ein Buch lesen sie laut Statistik …
6. Zeitschriften lesen sie nur …

3 Statistik
a Welche Medien benutzen Sie? Schreiben Sie die Minuten pro Tag in die Tabelle.

arang. durchschnittlich

	bei der Arbeit	zu Hause
Buch		20
CDs/MP3		5
Computer (ohne internet)		20
Internet		40
Fernsehen		10
Handy/Telefon *ohne*	20	10
Radio		50
Video/DVD	10	10
Zeitschrift/Zeitung		20
Papier/Stift		15

b Lesen Sie die Dialoge und sprechen Sie im Kurs.

Dialog 1
● Hörst du jeden Tag Radio?↗
○ Klar.↘
● Wann?↗
○ Morgens beim Frühstück.↘
● Und warum?↗
○ Ich höre Nachrichten und Musik.↘

Dialog 2
● Wie viel Zeit sitzt du am Computer?↗
○ Vielleicht zwei, drei Stunden am Tag.↘
● Bei der Arbeit oder privat?↘
○ Bei der Arbeit brauche ich keinen.↘ Aber privat bin ich lange im Internet.↘ Ich schreibe E-Mails oder ich skype mit Freunden in den USA.↘

c Machen Sie eine Kursstatistik.

44 vierundvierzig

22

4 Das neue Handy

a Hören und lesen Sie Teil 1. Was kann das Handy?

- ● Welches Handy findest du besser: dieses oder das da?
- ○ Dieses ist viel besser: Touchscreen, großes Display und ein super MP3-Player.
- ● Schön, aber viel zu teuer!
- ○ Welchen Tarif hast du eigentlich?
- ● Ähm, Tarif? Was meinst du?
- ○ Was kostet dein Handy im Monat? Welchen Vertrag hast du? Bei welchem Anbieter bist du?
- ● Tja, also, ich habe noch kein Handy …
- ○ Ich glaub's nicht! Dann fangen wir noch mal von vorne an. Fotografierst du viel? Dann ist die Frage: Welche Kamera hat das Handy? Hörst du viel Musik? Dann ist die Frage: Welchen MP3-Player hat das Handy? Schickst du Mails? Dann …
- ● Ich möchte einfach nur telefonieren.
- ○ Sag mal, in welcher Zeit lebst du eigentlich?

Mein Handy ist gebraucht.

b Hören Sie Teil 2. Was ist richtig? Kreuzen Sie an: a, b oder c.

1. Der Tarif …
   - [a] ist die Gebühr für das Telefonieren.
   - [b] ist ein besonders günstiger Handy-Anbieter.
   - [c] ist ein Vertrag für zwei Jahre.

2. Eine Flatrate …
   - [a] bekommt man am Kiosk oder bei der Post.
   - [b] bedeutet: Man zahlt jeden Monat das Gleiche.
   - [c] ist ein Programm zum Fotografieren.

3. Prepaid bedeutet, …
   - [a] dass man mit dem Handy auch Musik hören kann.
   - [b] dass man keinen Handy-Anbieter braucht.
   - [c] dass man ohne Vertrag ein Guthaben fürs Handy kauft.

c Ergänzen Sie die Sätze wie im Beispiel.

1. ● Welcher Tarif ist günstig? ○ Dieser ist der billigste!
2. ● Welche Flatrate kostet am wenigsten? ○ Diese! Nur 49 Euro.
3. ● Welcher Anbieter hat Tarife für Studenten? ○ Ich glaube, dieser.
4. ● Welches Handy hat Internet? ○ Dieses.
5. ● Welche Kamera macht gute Bilder? ○ Diese hier.

> der MP3-Player
> Welcher? – Dieser.
>
> das Handy
> Welches? – Dieses.
>
> die Kamera
> Welche? – Diese.

5 Aussprache: Rückfragen

a Hören Sie den Dialog. Was ist das Problem?

b Fragen und Antworten – Ordnen Sie zu und hören Sie zur Kontrolle noch einmal.

1. Wer spricht da bitte?
2. Was möchten Sie verkaufen?
3. Was möchten Sie wissen?
4. Wie bitte?
5. Wann wollen Sie zurückrufen?
6. Wo sind Sie jetzt?

a) Eine Fernsehzeitschrift.
b) In einer halben Stunde.
c) Ich bin im Stau.
d) Peter Brinkmann.
e) Haben Sie schon eine Fernsehzeitschrift?
f) Die Verbindung ist schlecht.

fünfundvierzig 45

6 Fernsehgewohnheiten
Wählen Sie drei Fragen aus. Machen Sie Interviews und berichten Sie im Kurs.

1. Wann siehst du meistens fern?
2. Welche Fernsehsender siehst du häufig?
3. Welche Programme siehst du gern?
4. Welche Sendungen magst du nicht? Warum?
5. Hast du schon Fernsehprogramme auf Deutsch gesehen? Welche?
6. Es ist Samstag, 20 Uhr, dein Fernseher ist plötzlich kaputt. Was machst du?

Magdalena hat gesagt, dass sie meistens abends fernsieht.

Sie sieht meistens TVE, weil das auf Spanisch ist. Sie hat aber auch …

7 Nachrichten und Informationen
a Welches Stichwort passt zu A–D?

Verkehrsmeldung   Wetterbericht   Politik   Sport

A (Sport)   B (Wetterbericht)   C (Verkehrsmeldung)   D (Politik)

b Sie hören vier Aussagen. Ordnen Sie sie den Bildern zu. (2.22)

A – 3
B – 4
C – 1
D – 2

c Hören Sie noch einmal. Kreuzen Sie an: richtig oder falsch?

	R	F
1. Ich spiele jeden Samstagabend mit Freunden Fußball.		✓
2. Ich sehe gern Fußball zusammen mit Freunden.	✓	
3. Ich lese jeden Tag die regionalen Nachrichten.	✓	
4. Ich lese täglich die Zeitung von vorne bis hinten.		✓
5. Ich schreibe E-Mails mit dem Handy.	✓	
6. Mein Handy benutze ich für alle möglichen Informationen.	✓	
7. Man braucht immer noch Fernsehen und Radio.		✓
8. Ich bekomme alle Informationen aus dem Internet.	✓	

d Wie informieren Sie sich? Sprechen Sie im Kurs.

Ich sehe jeden Abend die Nachrichten im Fernsehen, weil …

Ich bin immer online, weil …

Wenn ich mit dem Auto unterwegs bin, dann …

22

8 Pro und Contra

a Lesen Sie die Thesen.
Welche finden Sie wichtig? Welche nicht?

Neun Thesen
1. Jeder Bürger muss einen kostenlosen Internetanschluss haben.
2. Ein fernsehloser Tag pro Monat ist wichtig für die Familien.
3. Der Computerunterricht muss schon im Kindergarten beginnen.
4. Mit zehn Jahren braucht jedes Kind ein Handy.
5. Täglich fünf Stunden am Computer sitzen macht die Kinder krank.
6. Die Rechnungen vom Online-Shopping sind für viele nicht mehr kontrollierbar.
7. Online-Shopping ist praktisch und spart Zeit und Geld.
8. You Tube, My Video usw. machen die Privatsphäre der Menschen kaputt.
9. You Tube, My Video usw. bringen die Menschen in Kontakt.

b Wählen Sie drei Thesen aus und notieren Sie Ihre Meinung. Begründen Sie Ihre Meinung.

☺ Ich finde/meine, dass …, weil …	☹ Ich finde nicht, dass …, weil …
☺ Es ist doch klar, dass …	☹ Das glaube ich nicht. Ich …
☺☹ Das stimmt! Aber …	☹☹ Das ist Unsinn. Ich glaube, dass …
☺☺ Das ist eine ganz gute / gute/super Idee.	☹ Man muss doch nicht …

Argumente
– Das Internet ist Privatsache.
– Damit kommen alle an wichtige Informationen.
– Ich will selbst bestimmen, wann ich fernsehe.
– Man kann die Leute dann immer erreichen.
– Das ist viel zu teuer.
– Die Kinder können damit gar nicht umgehen.
– Man kann doch nicht alles verbieten.
– Dann haben alle mal Zeit für die Familie.
– Es gibt auch viele interessante Sendungen.
– Aber nur, wenn man selbst mitmacht.
– Kinder sollen draußen spielen.
– …

Ich finde, das ist eine gute Idee, weil damit alle an wichtige Informationen kommen.

Ich finde, dass das Internet Privatsache ist.

Man muss doch nicht alles regeln.

c Fragen Sie im Kurs. Suchen Sie Kollegen/Kolleginnen, die die gleiche Meinung vertreten.

Projekt: Medien und Sprachenlernen

Welche Möglichkeiten zum Sprachenlernen gibt es in den Medien?
– Wie können Zeitungen/Radio/Fernsehen/Internet/Video … beim Lernen helfen?
– Welche Medien gibt es in Ihrem Sprachinstitut?
– Wo findet man Sprachlernprogramme? Was gibt es im Internet dazu?

Deutsch verstehen

9 Thema „Fernsehen"

a Lesen Sie die Textabschnitte schnell. Welche Überschrift passt zum ganzen Text?

> Leben ohne Fernsehen? Undenkbar!

> Die Geschichte des Fernsehens in Deutschland

> Fernsehkonsum macht Jugendliche krank

b Lesen Sie die Textabschnitte und bringen Sie sie in eine logische Reihenfolge.

1 ☐

1952 wurde vom Nordwestdeutschen Rundfunk täglich ein dreistündiges Programm gesendet. Eine Stunde am Nachmittag für Kinder und Jugendliche und zwei Stunden am Abend. Aber fast niemand hatte ein eigenes Gerät, weil Fernsehapparate für Normalbürger noch nicht bezahlbar waren. „Fernsehen" konnte man in Gaststätten, Turnhallen, Gemeindesälen oder im Freien. Zwei Programmhöhepunkte gab es damals: 1953 die Krönung der britischen Königin Elisabeth II – übrigens die erste Sendung der Eurovision – und 1954 das Endspiel der Fußballweltmeisterschaft, das Deutschland gewonnen hat.
Fernsehen wurde danach populär. 1957 gab es schon über eine Million Fernsehapparate und 1960 schon 3 Millionen. Ein Gerät kostete damals ungefähr 400 Euro und die „Rundfunkgebühren" gerade mal 2 1/2 Euro. Seit 1963 gibt es auch ein 2. Programm (ZDF) und bis 1964 stieg die Zahl der Fernsehempfänger auf zehn Millionen. Ab 1967 wurden die Bilder dann farbig. Die Farbfernseher kamen auf den Markt.

2 ☐

Das Fernsehen hat unser Leben verändert. Heute sitzen die Deutschen im Durchschnitt fast vier Stunden vor der „Flimmerkiste". Sie können aus mehr als 30 Programmen auswählen, rund um die Uhr. Wie hat das eigentlich alles angefangen? Im März 1935 wurde in Deutschland, als erstem Land der Welt, ein regelmäßiges Fernsehprogramm ausgestrahlt. Jeden Montag, Mittwoch und Samstag gab es zwei Stunden Programm: Wochenschauen, Nachrichten und Unterhaltung. Aber zum „Fernsehen" musste man in eine „Fernsehstube" gehen. Die erste Fernsehstube wurde in Berlin eingerichtet. Bis zu 100 Zuschauer hatten Platz und der Eintritt war frei.
1936 wurde zum ersten Mal „live" gesendet. 150 000 Zuschauer erlebten die Olympischen Spiele in 28 Berliner Fernsehstuben. Private Fernsehgeräte hatten damals nur 50 Haushalte.

3

In den neuen Bundesländern, der ehemaligen DDR, startete das Fernsehen offiziell erst 1956. Die Programme wurden staatlich kontrolliert und zensiert. Darum schauten viele Leute meistens „Westfernsehen", was der Regierung zwar nicht gefiel, was sie aber nicht verhindern konnte.
In den 80er Jahren kamen private Fernsehanbieter auf den Markt, die ihre Programme ausschließlich aus Werbung finanzieren. Über Satellit oder Kabel können heute auch viele ausländische Programme empfangen werden.
Wurde früher der Tagesablauf durch das Fernsehprogramm bestimmt – pünktlich um 20 Uhr sah die Familie die „Tagesschau" und danach mussten die Kinder ins Bett –, so ist Fernsehen heute kein besonderes Ereignis mehr.
Eine neue Variante des gemeinsamen Fernsehens kam mit der Fußball-WM 2006. Beim *Public Viewing* konnten in vielen deutschen Großstädten die Zuschauer die Spiele live miterleben. Auf der Fan-Meile in Berlin sahen bis zu 750.000 Menschen das Spiel Deutschland–Schweden.

c Was passt zusammen? Ordnen Sie 1–6 und a–f zu.

1. Die erste Liveübertragung   ____ a) nur in „Fernsehstuben" fernsehen.
2. Viele Bürger der DDR haben   ____ b) waren sehr teuer.
3. Public Viewing ist   ____ c) seit Mitte der Achtzigerjahre.
4. Die ersten Fernsehgeräte   ____ d) war von den olympischen Spielen in Berlin.
5. Zuerst konnte man   ____ e) lieber West- als Ostfernsehen gesehen.
6. Privatfernsehen gibt es in Deutschland   ____ f) Fernsehen auf Großbildschirmen in der Öffentlichkeit.

d Gemeinsam fernsehen – Machen Sie das? Mit wem? Wann? Welche Sendungen?

Samstagabends ...

Das WM-Finale habe ich ...

Auf einen Blick

Im Alltag

1 Über Medien sprechen

Ich lese regelmäßig die Zeitung.
Mit meinem Handy kann ich überall telefonieren, SMS schreiben und aktuelle Nachrichten lesen.
Skype finde ich toll, weil ich damit im Internet kostenlos telefonieren kann.
Blogs im Internet ersetzen immer mehr Artikel in Zeitungen.

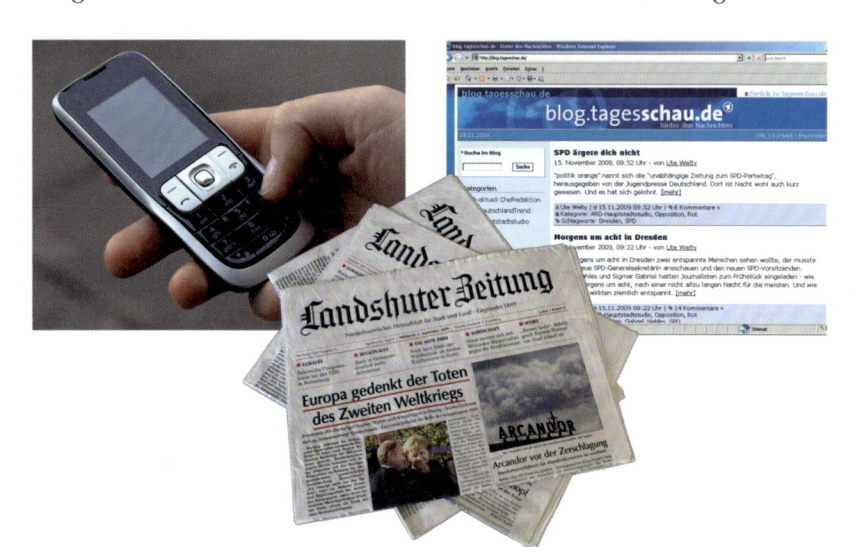

Englische Wörter im Deutschen: Computer/Medien

Nomen	Verben
der Blog	bloggen
der Chat	chatten
die E-Mail	mailen, checken
das Internet	googeln, skypen, surfen …
die SMS	simsen (ugs. für SMS schicken)
der Computer	downloaden
der MP3-Player	
der USB-Stick	
(Fernsehen)	zappen

TIPP
Importierte englische Verben werden meist wie deutsche regelmäßige Verben konjugiert:

Infinitiv	googeln	chatten
ich	google	chatte
du	googelst	chattest
er/es/sie	googelt	chattet
…		

2 Argumente und Gegenargumente äußern

Ich glaube, dass …
Das glaube ich nicht. Ich …
Ich finde/meine, dass …
Ich finde (nicht), dass …, weil …

Das ist eine ganz gute / gute/super Idee.
Das stimmt! Aber …
Es ist doch klar, dass …
Ich bin mir nicht sicher, aber ich glaube …

INFO: Rundfunkgebühren

Die öffentlich-rechtlichen Fernseh- und Radioprogramme (Das Erste, ZDF, WDR, SWR, ARTE, 3SAT …) werden in Deutschland durch Gebühren finanziert. Sie dürfen deshalb nur wenig Werbung senden. Jeder, der Radio hört oder fernsieht, muss monatlich eine Gebühr bezahlen.
Die öffentlich-rechtlichen Fernsehsender werden durch Aufsichtsgremien kontrolliert. Dort sitzen Vertreter von politischen Parteien und anderen wichtigen gesellschaftlichen Organisationen (Gewerkschaften, Kirchen …).
Es gibt auch viele private Fernsehsender. Sie verdienen ihr Geld mit Werbung.

Im Alltag
EXTRA
▶ S. 132

Grammatik

1 *Welch...? Dies...*

	Maskulinum d**er**/d**en**/d**em** Tarif	Neutrum d**as**/d**as**/d**em** Handy	Femininum d**ie**/d**ie**/d**er** Kamera	Plural d**ie**/d**ie**/d**en** Tarife(n)
N	Welch**er** Tarif? Dies**er**.	Welch**es** Handy? Dies**es**.	Welch**e** Kamera? Dies**e**.	Welch**e** Tarife? Dies**e**.
A	Welch**en** Tarif? Dies**en**.	Welch**es** Handy? Dies**es**.	Welch**e** Kamera? Dies**e**.	Welch**e** Tarife? Dies**e**.
D	Mit welch**em** Tarif? Mit dies**em**.	Mit welch**em** Handy? Mit dies**em**.	Mit welch**er** Kamera? Mit dies**er**.	Mit welch**en** Tarife**n**? Mit dies**en**.

2 Wortbildung

Adjektive bildet man oft aus Nomen oder Verben mit diesen Endungen: *-ig, -isch, -lich, -bar, -los*.

- -ig   farbig, regelmäßig, günstig
- -isch   praktisch, typisch, italienisch, ausländisch
- -lich   täglich, staatlich, pünktlich, sportlich
- -bar   kontrollierbar, bezahlbar, tragbar, essbar
- -los   fernsehlos, kostenlos, arbeitslos, kinderlos

un- + Adjektiv = das Gegenteil

bekannt	⟷	unbekannt	Aber z. B.:		
freundlich	⟷	unfreundlich	leise	⟷	laut
interessant	⟷	uninteressant	schön	⟷	hässlich
klar	⟷	unklar	gut	⟷	schlecht
möglich	⟷	unmöglich			
regelmäßig	⟷	unregelmäßig			
wichtig	⟷	unwichtig			
zufrieden	⟷	unzufrieden			

TIPP   Adjektive immer mit ihrem Gegenteil lernen.

hell   *dunkel*

Aussprache

Rückfragen: Satzmelodie und Akzent

Bei Rückfragen mit einem W-Wort wird meistens das W-Wort stark betont. Die Satzmelodie steigt.

<u>Wer</u> spricht da bitte?↗   <u>Was</u> möchten Sie verkaufen?↗   <u>Wo</u> sind Sie jetzt?↗

23 Die Politik und ich

der Bundestag / das Parlament

Lernziele
- über Politik sprechen
- Meinungen begründen
- Wünsche äußern
- über Vergangenes sprechen
- einen Artikel über Ehrenamt verstehen

Der Bundesadler ist das Wappentier der Bundesrepublik.

Hier sitzen die Zuschauer / die Besucher.

Hier sitzt die Bundesregierung (der/die Bundeskanzler/in, die Minister / die Ministerinnen).

Hier sitzen die Abgeordneten der Parteien (SPD, CDU/CSU …).

Es gibt die Regierungspartei(en) und die Opposition.

Politikwörter

der Bund • der Bundestag • die Bundesregierung • die Koalition • die Bundestagswahl • der/die Bundespräsident/in • der/die Abgeordnete

die Länder • der Landtag • die Landesregierung • die Landtagswahl • der/die Ministerpräsident/in

die Städte und Gemeinden • der Stadtrat • die Stadtratswahl • der Gemeinderat • die Gemeinderatswahl • der/die Bürgermeister/in

23

Geschichte – Nach dem Zweiten Weltkrieg (1939–45) gab es von 1949 bis 1990 zwei deutsche Staaten. Von 1961 bis 1989 trennte eine Mauer Ost- und Westberlin. Man kam nicht oder nur mit großen Problemen über die Grenze von der BRD (Bundesrepublik Deutschland) in die DDR (Deutsche Demokratische Republik) oder umgekehrt. Durch die friedliche Revolution in der DDR kam es am 9. November 1989 zum Fall der Mauer. Die Grenze zwischen Ost und West wurde geöffnet. Die Bürger der DDR durften zum ersten Mal seit 1961 wieder frei reisen. 1990 sind die heutigen östlichen Bundesländer zur Bundesrepublik gekommen. Der 3. Oktober ist deshalb ein Feiertag: der „Tag der deutschen Einheit".

Die Bundesrepublik Deutschland ist ein Bundesstaat mit 16 Bundesländern. Das deutsche Parlament heißt Bundestag. Es hat seinen Sitz in Berlin im „Reichtagsgebäude". Alle vier Jahre wählen die Bürger und Bürgerinnen ihre Abgeordneten. Jedes Bundesland hat ein eigenes Parlament, den Landtag. In Hamburg, Berlin und Bremen heißt die Landesregierung „Senat". Das Landesparlament heißt in Berlin „Abgeordnetenhaus" und in Bremen und Hamburg „Bürgerschaft". Wenn man 18 Jahre alt ist und einen deutschen Pass hat, darf man wählen. Meistens bilden zwei Parteien die Regierung, weil eine allein nicht die Mehrheit im Parlament hat. Die anderen Parteien bilden dann die Opposition.
Das Parlament wählt den Bundeskanzler / die Bundeskanzlerin und diese/r wählt dann die Minister/innen aus. Staatsoberhaupt ist der/die Bundespräsident/in. Er/Sie muss alle Gesetze unterschreiben, hat aber nur wenig politische Macht.

www   www.bundestag.de • www.bundesregierung.de • www.bundesrat.de

1 Politikquiz

a Finden Sie die Informationen in den Texten.

1. Wie heißt das deutsche Parlament?
2. In welcher Stadt ist das Parlament?
3. Wie heißt der/die Chef/in der Regierung?
4. Wann ist der deutsche Nationalfeiertag?
5. Ab welchem Alter darf man wählen?
6. Die Bundesrepublik hat 16 …
7. Wie viele deutsche Staaten gab es bis 1990?
8. Seit wann ist die „Berliner Mauer" weg?
9. Wie oft finden Bundestagswahlen statt?
10. Wie heißt das Gegenteil: Regierung – …?

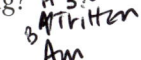

b Lesen Sie die Politikwörter auf Seite 52 und ordnen Sie sie den drei Kategorien zu.

1. die Parlamente/Institutionen   2. die Wahlen   3. die Personen

c Was möchten Sie noch zu dem Thema wissen? Schreiben Sie Fragen. Fragen Sie im Kurs.

Wer ist zurzeit …?   Wie viele …?   Seit wann …?   Was macht …?   Wo ist …?   Wie oft …?

dreiundfünfzig 53

2 Politische Parteien

a Sehen Sie die Texte und die Wahlplakate an. Ordnen Sie zu. Wie heißen die Parteien?

A – Christlich Demokratische Union / Christlich Soziale Union 
B – Bündnis 90 / Die Grünen 
C – Sozialdemokratische Partei Deutschlands
D – Die Linke
E – Freie Demokratische Partei

Es gibt noch viele andere Parteien, die mit den Bürgern diskutieren, aber sie bekommen bei den Wahlen zum Bundestag meistens nur wenige Stimmen.

www.parteien.de

1 [B] *Bündnis 90/Die Grünen* – Wer sich für die Natur engagiert, interessiert sich oft für diese Partei. Deshalb ist Grün ihre Parteifarbe. Sie ist gegen Atomenergie und für alternative Energien. Sie tritt für mehr demokratische Rechte auch für Zuwanderer ein und achtet auf die Gleichberechtigung von Männern und Frauen.

2 [C] *SPD* – Diese Partei gibt es seit 1869. Früher war sie eine Arbeiterpartei. Rot ist die Farbe der Arbeiterbewegung. Ihr wichtigstes Thema ist noch heute die soziale Gerechtigkeit. Viele Mitglieder engagieren sich auch in den Gewerkschaften. Drei Bundeskanzler kamen bisher aus dieser Partei.

3 [A] *CDU/CSU* – Diese zwei großen Parteien sind konservativ christlich orientiert. Die eine gibt es nur in Bayern, die andere in allen anderen Bundesländern. Wichtige Ziele für sie sind die Einheit Europas und der Schutz von Familie und Ehe. Bisher kamen vier Bundeskanzler und eine Bundeskanzlerin aus diesen Parteien.

4 [E] *FDP* – Diese Partei engagiert sich für weniger staatliche Kontrolle. Sie will eine liberale Wirtschaftspolitik und kümmert sich um mehr Freiheit für den einzelnen Bürger. Sie tritt für niedrigere Steuern ein und will weniger Staatsausgaben.

5 [D] *Die Linke* – Diese Partei kämpft für mehr soziale Gerechtigkeit und gegen den Abbau von Sozialleistungen (Arbeitslosengeld, Renten …). Sie will mehr Einfluss für den Staat in der Wirtschaft. Sie war zuerst nur im Osten Deutschlands stark, hat heute aber auch im Westen großen Einfluss.

b Hören Sie zu. Welche Parteien haben die drei Personen wahrscheinlich gewählt? (2.23)

Fritz: E (FDP)   Sandra: B (Die Grünen)   Eva: A (CDU/CSU)

c Parteien und Politik in Ihrem Land – Fragen Sie im Kurs und berichten Sie.

- Gibt es bei euch Parteien? Welche?
- Gibt es ein Parlament?
- Wie oft …?
- Wer darf wählen?
- Wie lange …?
- Wie heißt …?
- Gibt es Wahlen?
- Welche Partei regiert?
- Gibt es eine Opposition?
- Seit wann ist er/sie an der Macht?
- Weißt du, wie der Staatschef heißt?
- Ist das ein Präsident oder ein König?

23

3 Ich interessiere mich für …

a Markieren Sie diese Verben in den Texten auf Seite 54 und ergänzen Sie dann 1–5.
Es gibt mehrere Möglichkeiten.

sich interessieren für • sich kümmern um • sich engagieren für • achten auf • diskutieren mit

1. Ich _interessiere_ mich nicht _für_ Politik, aber _für_ Sport.
2. „Amnesty International" _engagiert_ sich _für_ politisch verfolgte Menschen.
3. Ich _engagiere_ mich sehr _für_ meine Umwelt. Umweltpolitik finde ich wichtig.
4. Unser Kurs hat gestern eine Stunde _mit_ dem Bürgermeister _diskutiert_.
5. _Achten_ Sie _auf_ Ihre Gesundheit. Krankheit ist teuer!

b Wählen Sie vier Satzanfänge aus und schreiben Sie je einen Satz über sich selbst.

Ich engagiere mich (nicht) für … (A)   Ich denke an … (A)   Ich interessiere mich für … (A)
Ich achte (nicht) auf … (A)   Ich kämpfe (nicht) für … (A)   Ich freue mich über … (A)
Ich ärgere mich über … (A)   Ich kümmere mich um … (A)   Ich diskutiere mit … (D)

> Ich kümmere mich um meine Kinder und um den Deutschunterricht. Das reicht.

c Was ist für Sie in der Politik wichtig? Warum? Schreiben Sie.

sehr wichtig • nicht so wichtig wie … •
wichtiger als … • unwichtig • am wichtigsten

> Ich finde, dass es zu wenige Spielplätze gibt.
>
> Für mich ist wichtig, dass Frieden ist.
>
> Politik ist unwichtig. Die Politiker machen sowieso, was sie wollen.
>
> Ich glaube, dass man mehr für Familien tun muss!
>
> Schulen sind wichtiger als Straßen!
>
> Migranten sollen auch wählen dürfen!

> Ich glaube, dass man mehr für Familien tun muss.
> Schulen sind wichtiger als Straßen.
> …

4 Aussprache: Freundlich oder entschieden sprechen

○ 2.24 **a** Wie sprechen die Personen? Sehr entschieden oder freundlich/entgegenkommend?
Hören Sie und kreuzen Sie an.

	sehr entschieden	freundlich/entgegenkommend
1. Da hast du recht. Die Familien brauchen Hilfe.	☐	☐
2. Das stimmt, das finde ich auch.	☐	☐
3. Darf ich bitte ausreden?	☐	☐
4. Im Gegenteil, das finde ich nicht so wichtig.	☐	☐
5. Ja, das glaube ich auch.	☐	☐
6. Kann sein, aber ganz so einfach ist das nicht.	☐	☐
7. So habe ich das nicht gesagt.	☐	☐

b Hören Sie noch einmal und sprechen Sie laut. Imitieren Sie die Sprecher. Spielen Sie mit der
Lautstärke, Sprechgeschwindigkeit, Mimik und Gestik.

fünfundfünfzig 55

5 Ich und die Politik

a Verteilen Sie die Wörter zwischen den Begriffen A–C. Es gibt viele Möglichkeiten.

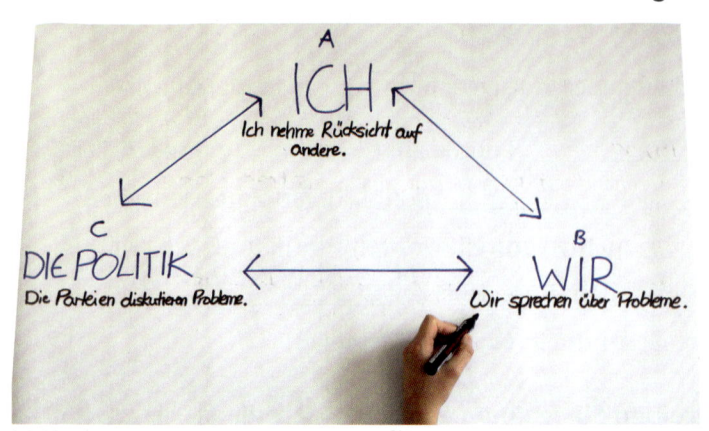

A ICH – Ich nehme Rücksicht auf andere.
B WIR – Wir sprechen über Probleme.
C DIE POLITIK – Die Parteien diskutieren Probleme.

sich informieren über • Kontakte suchen • tolerieren • Rücksicht nehmen auf • Schulen bauen • Arbeitsplätze sichern • gegen Diskriminierung kämpfen • um Hilfe bitten • Hilfe anbieten • nachfragen • gegen Intoleranz kämpfen • die Sprache lernen • Unterschiede akzeptieren • sich um die Kinder kümmern • Gesetze machen • Menschen kennenlernen • über Probleme sprechen • das Fernsehen kontrollieren • die Zeitung lesen • Sprachunterricht bezahlen • Arbeitslose unterstützen • wählen • Probleme lösen • Steuern bezahlen • Geld sinnvoll ausgeben

b Ergänzen Sie eigene Wörter und vergleichen Sie im Kurs.

● 2.25 **c** Hören Sie zu. Kreuzen Sie an: richtig oder falsch?

		R	F
1. Volkan sagt:	a) Die Leute müssen mehr von der Politik wollen.	☐	☐
	b) Meine Probleme muss ich selbst lösen.	☐	☐
2. Tanja glaubt,	a) dass die Politiker Probleme lösen müssen.	☐	☐
	b) dass sie zu viel Steuern bezahlt.	☐	☐
3. Bernd meint,	a) dass man nur gemeinsam etwas erreichen kann.	☐	☐
	b) dass die Gemeinderäte kein Geld haben.	☐	☐
4. Natascha findet:	a) Die Politiker interessieren sich nicht für die Leute.	☐	☐
	b) Man muss sich engagieren und etwas von der Politik fordern.	☐	☐

d Hören Sie noch einmal: Wer sagt was zu diesen Stichworten?

1. Schule/Eltern   2. Familie/Kollegen   3. Gesundheit/Arzt

6 Wünsche und Meinungen

a Schreiben Sie kleine Texte mit Begriffen aus Aufgabe 5a.

Ich wünsche mir …   Wir alle …   Man muss/kann …   Die Politik kann/muss …

> Man muss Unterschiede akzeptieren.
> Die Deutschen leben ganz anders als wir.
> …

> Ich wünsche mir, dass die Politik unseren Kindern in der Schule hilft.
> …

b Sprechen Sie über Ihre Texte.

Ich finde auch, dass …
Das stimmt schon, dass …
Du hast vielleicht recht, aber …
Ich sehe das genauso, denn …

Ich finde nicht, dass …
Das stimmt doch nicht, dass …
Ich bin anderer Meinung. Ich glaube, dass …

23

7 Ich wartete und wartete …

a Lesen Sie die Geschichte von Jim und beantworten Sie die Fragen 1–3.

1. Was ist das Problem?   2. Warum gibt es das Problem?   3. Wie hat der Mann das Problem gelöst?

„Das ist doch Diskriminierung", dachte ich und war wütend. Im März stellte ich einen Antrag auf Kindergeld und dann wartete ich und wartete. Zwei Monate – keine Reaktion! Ende April ging ich zum Amt und fragte, aber man gab mir keine richtigen Informationen. Man wusste nichts von meinem Antrag. Dann half mir ein Kollege und sprach mit dem Amt. Und was war los? Man konnte dort meine Anmeldung in Augsburg nicht finden. Wir wohnten erst seit vier Monaten hier. Ohne Anmeldung konnte man meinen Antrag nicht bearbeiten. Einen Tag später war die Anmeldung da und der Kindergeldantrag wurde schnell bearbeitet.

b Markieren Sie alle Verbformen im Text. Ordnen Sie sie den Infinitiven zu.

werden • warten • wissen • denken • fragen • gehen • können • wohnen • sein • geben • stellen • helfen • sprechen

dachte – denken

Präteritum

	Regelmäßige Verben	Unregelmäßige Verben	
ich	frag**te**	gab	dachte
du	frag**test***	gabst*	dachtest*
er/es/sie	frag**te**	gab	dachte
wir	frag**ten**	gaben	dachten
ihr	frag**tet***	gabt*	dachtet*
sie/Sie	frag**ten**	gaben	dachten

* Diese Formen braucht man selten.

TIPP Die Präteritumformen der unregelmäßigen Verben immer einzeln lernen.

c Schreiben Sie diesen Text im Präteritum.

Vor zwei Monaten: Frau Weck stellt einen Antrag auf Wohngeld, aber das Amt antwortet nicht. Letzte Woche: Sie geht zum Amt, aber man gibt ihr keine konkrete Auskunft. Vorgestern: Sie geht noch einmal zum Amt und spricht mit der Beamtin. Ihr Antrag ist weg. Sie stellt einen neuen Antrag. Gestern: Der Antrag wird genehmigt.

Vor zwei Monaten stellte Frau Weck einen Antrag auf Wohngeld, aber …

d Haben Sie auch schon einmal eine Erfahrung wie Jim und Frau Weck gemacht? Erzählen Sie. Schreiben Sie einen kurzen Text.

Vor ein paar Wochen war ich … • Letzte Woche / Letztes Jahr … • Ich war einmal …

Projekt: Wie funktioniert unsere Stadt / unser Dorf?

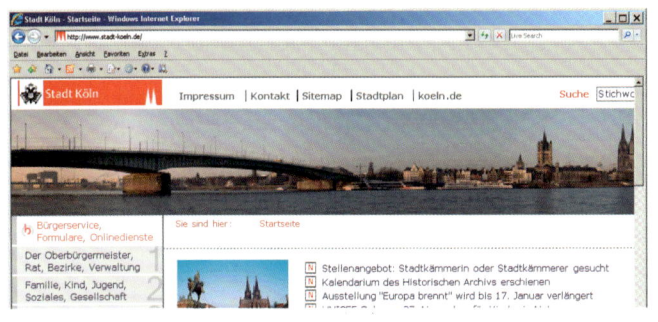

– Welche Parteien sitzen im Gemeinderat?
– Wo und wann tagt er?
– Welche Themen diskutiert er?
– Kontaktadressen/Telefonnummern …
– Wie heißt der/die Bürgermeister/in?
– In welcher Partei ist er/sie?
– Gibt es einen Ausländerbeirat? Was macht er?
– Gibt es eine/einen Ausländerbeauftragte/n?

siebenundfünfzig 57

Deutsch verstehen

8 Ehrenamt

a Schlagen Sie das Wort „Ehrenamt" im Wörterbuch nach. Ordnen Sie dann die Wörter aus der Liste zu, die Ihrer Meinung nach passen.

viel Geld verdienen • Karriere machen • helfen • freiwillig • in der Freizeit • der Beruf • sich engagieren • sozial • bezahlen • sich kümmern um • der Arbeitsplatz • unterstützen • allein

> in der Freizeit
> Ehrenamt
> helfen

b Lesen Sie den Text. Zu welchen Abschnitten passen die Abbildungen?

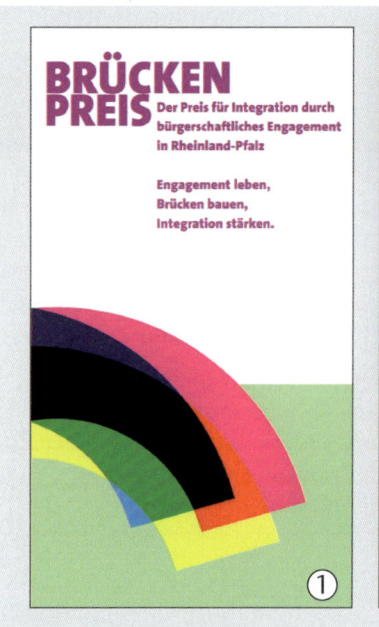

Ehrenamt geehrt

Am Samstag wurde in Mainz der Brückenpreis verliehen. Damit werden Projekte, Organisationen und Menschen geehrt, die das Miteinander von Menschen fördern. So z. B. den
5 Dialog zwischen jungen und alten Menschen, das Zusammenleben mit den europäischen Nachbarn oder die Integration von Menschen mit unterschiedlicher Herkunft, Sprache und Hautfarbe. Die Preisträger bekommen jeweils
10 2000 Euro für ihre Projekte.

82 Organisationen und Projekte haben sich für den Preis beworben. Die Gewinner wurden von einer Jury ausgewählt. Bei der Preisverleihung sagte der rheinlandpfälzische Minister-
15 präsident, dass ihm der ‚Brückenpreis' sehr wichtig ist, weil er eine wichtige Aufgabe des Ehrenamts in den Mittelpunkt stellt: das Engagement, das Brücken zwischen den verschiedenen Gruppen in der Gesellschaft baut und
20 so die Gesellschaft zusammenhält.

Das Forum Eine Welt erhielt den Brückenpreis für seinen Einsatz für den Dialog zwischen Migranten und Deutschen. Die Gruppe will durch Vorträge, Diskussionen, Lesungen, Musikveran-
25 staltungen und vor allem durch das jährliche „Fest der Nationen" den interkulturellen Dialog fördern und ein solidarisches, gewaltfreies und respektvolles Miteinander entwickeln. Das Fest der Nationen in der Gemeinde Gerolstein
30 wird jedes Jahr von Tausenden Menschen besucht.

Die Bürgerstiftung Pfalz bekam den Preis für Projekte, die mit einer großen Zahl von ehrenamtlichen Mitarbeitern und Mitarbeiterinnen
35 Grundschülern bei den Hausaufgaben und beim Lernen helfen und sich für bessere Ausbildungschancen für Hauptschüler einsetzen. Die Hauptschüler erhalten auch Hilfe bei der Berufsberatung und bei der Suche nach Berufs-
40 praktika.

58 achtundfünfzig

23

c Lesen Sie den Text noch einmal. Was passt zusammen?

1. Der Brückenpreis ist ein Preis für Menschen, ___ a) helfen Schülern beim Lernen.
2. Organisationen, Projekte und Einzelmenschen ___ b) jedes Jahr ein großes Fest.
3. Viele ehrenamtliche Mitarbeiter/innen ___ c) bekommt man 2000 Euro.
4. Wenn man den Preis gewinnt, ___ d) können den Preis bekommen.
5. Das Forum Eine Welt organisiert ___ e) die sich für andere Menschen engagieren.

d Zu welchen grünen Wörtern im Text passen die Erklärungen?

1. friedlich, ohne Aggression
2. für andere Menschen oder für eine Sache etwas tun
3. der Chef der Regierung von einem Bundesland (Rheinland-Pfalz, Saarland …)
4. das Zusammenleben, gemeinsam leben und arbeiten
5. vergeben, ausgeben, übergeben

9 Aussagen zum Ehrenamt

○ 2.26 **a** Sie hören vier Aussagen. Über welche Tätigkeiten sprechen die Leute?

b Lesen Sie die Sätze a–f. Hören Sie noch einmal und entscheiden Sie beim Hören: Welcher Satz passt zu welcher Aussage? Zwei Sätze passen nicht.

1	2	3	4
b			

a) Auch viele Jugendliche arbeiten ehrenamtlich.
b) Kranke Menschen brauchen das Gespräch mit Menschen zum Gesundwerden.
c) Immer mehr Arbeitslose arbeiten ehrenamtlich, weil man da etwas Geld verdient.
d) Wenn das Ehrenamt staatliche Leistungen ersetzt, dann ist das nicht gut.
e) Ehrenamtliche Tätigkeiten können Arbeitsplätze kaputt machen.
f) Ohne ehrenamtliches Engagement könnten die Sportvereine nicht leben.

c Gibt es etwas wie Ehrenamt oder freiwillige Arbeit in Ihrer Heimat? Wie ist das organisiert?

Projekt: Ehrenamt in meiner Stadt/Region
Suchen Sie Projekte und stellen Sie sie vor.

Ich möchte das Rote Kreuz vorstellen …

Auf einen Blick

Im Alltag

1 Meinungen äußern und begründen

Ich glaube, dass man mehr Geld für die Schulen
ausgeben muss, denn …
Ich finde, dass es zu wenige Spielplätze gibt.
Bei uns …
Ich meine, dass man nichts machen kann, weil …
Ich denke, wir müssen uns alle mehr engagieren.
Ich halte viele Politiker für kompetent,
aber manche …

2 Zustimmen und widersprechen

Das stimmt. / Das ist richtig.	Das stimmt nicht. / Das ist nicht richtig.
Ich glaube das auch (nicht).	Das glaube ich nicht.
Sie haben recht. / Du hast recht.	Im Gegenteil …
Das sehe ich auch so.	Das sehe ich anders.
Ich bin auch der Meinung, dass …	Ich bin anderer Meinung.

3 Unsicherheit ausdrücken

Vielleicht. / Kann sein.
Ich weiß nicht.
Wie kann ich das sagen?
Ich weiß darüber nichts.

4 Vergleiche

wichtig	Politik ist wichtig, auch wenn man sie oft nicht mag.
wichtiger als	Kultur ist für mich wichtiger als die Politik.
genauso wichtig wie	Ich finde Kultur genauso wichtig wie Politik. Das kann man nicht trennen.
nicht so wichtig wie	Aber sie sind beide nicht so wichtig wie Familie und Freunde.
am wichtigsten	Am wichtigsten finde ich, dass man glücklich ist.
(sehr) wichtig	Sehr wichtig finde ich, dass man sich informiert.
unwichtig	Politik ist unwichtig. Die da oben machen, was sie wollen.

Aus dem Grundgesetz der Bundesrepublik Deutschland:

Grundrechte
Artikel 1 (1): Die Würde des Menschen ist unantastbar. […]
Artikel 2 (1): Jeder hat das Recht auf die freie Entfaltung
 seiner Persönlichkeit […]
Artikel 3 (1): Alle Menschen sind vor dem Gesetz gleich. […]
Artikel 4 (1): Die Freiheit des Glaubens, des Gewissens und
 die Freiheit des religiösen und weltanschau-
 lichen Bekenntnisses sind unverletzlich. […]
Artikel 5 (1): Jeder hat das Recht, seine Meinung in Wort,
 Schrift und Bild frei zu äußern. […]

Im Alltag
EXTRA
▶ S. 134

23

Grammatik

1 Verben mit Präpositionen (▶ Liste S. 138)

Manche Verben kommen oft mit Präpositionen vor. Hier einige Beispiele:

sich engagieren für (A)	sich freuen über (A)	achten auf (A)
sich interessieren für (A)	sich ärgern über (A)	denken an (A)
kämpfen für/gegen (A)	sich kümmern um (A)	diskutieren mit (D)

Die Präposition bestimmt den Kasus.

Viele ehrenamtliche Mitarbeiter/innen engagieren sich **für** den (Akkusativ) interkulturellen Dialog.
Wir haben eine Stunde **mit** dem (Dativ) Bürgermeister und der (Dativ) Bürgermeisterin diskutiert.

> **TIPP** Verben immer mit Präpositionen lernen.

2 Präteritum

Regelmäßige Verben **Unregelmäßige Verben**

Infinitiv	fragen	warten*	gehen	denken
ich	fragte	wartete	ging	dachte
du	fragtest	wartetest	gingst	dachtest
er/es/sie	fragte	wartete	ging	dachte
wir	fragten	warteten	gingen	dachten
ihr	fragtet	wartetet	gingt	dachtet
sie/Sie	fragten	warteten	gingen	dachte

*Bei Verben auf -t (warten, arbeiten …) kommt vor der Endung noch ein -e-.
Die 2. Person Singular und Plural braucht man bei Verben ganz selten, aber bei *sein*, *haben* und den Modalverben fast immer.

> **TIPP** Die unregelmäßigen Verben immer so lernen: kommen, er kommt, er kam, er ist gekommen
> Arbeiten Sie mit der Liste auf Seite 138 und lernen Sie jeden Tag drei Verben.

Aussprache

Emotional sprechen

Experimentieren Sie mit Wörtern, Sätzen, Texten. Sprechen Sie leise, laut, langsam, schnell, sachlich, emotional. Üben Sie verschiedene Ausdrucksweisen.

freudig    ärgerlich    ungeduldig    ängstlich

überrascht    gelangweilt    feierlich    liebevoll

einundsechzig **61**

Bei uns und bei euch

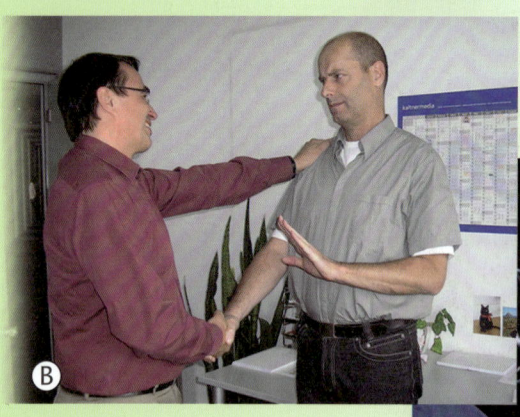

Lernziele
- über gutes und schlechtes Benehmen sprechen
- über Einladungen sprechen
- über Höflichkeitsregeln sprechen
- interkulturelle Vergleiche machen

1 Da stimmt etwas nicht.

a Sehen Sie die Bilder an. Was machen Sie auch und was nicht?

> Ich bringe nie zu einer Einladung meinen Hund mit.

> Vielleicht …

> Ich denke, dass …

> Bei uns telefoniert man …

○ 2.27 **b** Hören Sie die Dialoge. Zu welchen Bildern passen sie?

Dialog	1	2	3	4	5
Bild	A	C	D	B	E

c Schreiben Sie eigene Dialoge. Sie können auch einen der Dialoganfänge benutzen.

1
● Schön, dass Sie doch noch gekommen sind. Wir dachten schon, es ist etwas passiert.
○ Aber nein …
● …

2
● Hi Max! Ich sitze gerade im Kino. Der Film ist voll gut. Was machst du noch heute Abend?
○ …

62 zweiundsechzig

2 Schlechtes Benehmen

a Was sind für Deutsche die schlimmsten Verhaltensweisen? Raten Sie.
Machen Sie eine Liste von 1–10 und vergleichen Sie im Kurs.

Bei einer Umfrage haben Deutsche die zehn schlimmsten Verhaltensweisen genannt:

a) Gesprächspartner nicht ausreden lassen
b) Älteren Menschen keinen Platz anbieten
c) Anderen keine Hilfe anbieten, z. B. beim Tragen vom Kinderwagen
d) Auf der Straße ausspucken
e) In der Nase bohren
f) Zu spät kommen
g) Mitten im Gespräch eine SMS versenden/lesen
h) Hand beim Husten oder Gähnen nicht vor den Mund halten
i) Handy bei Veranstaltungen eingeschaltet lassen
j) Am Tisch rülpsen oder schmatzen

b Was ist für Sie schlechtes Benehmen? Machen Sie eine Liste im Kurs.

c Welche Fehler haben Sie selbst schon einmal gemacht oder erlebt?

› Ich habe mal eine Flasche Wodka mitgebracht, aber der Gastgeber hat keinen Alkohol getrunken.

› Ja, ich bin auch mal 30 Minuten zu spät zum Essen gekommen. Das war sehr peinlich.

Umfrageergebnisse zu 2a: 1. 88 % c • 2. 85 % j • 3. 80 % d • 4. 79 % h • 5. 77 % b • 6. 75 % e • 7. 74 % i • 8. 72 % f • 9. 71 % g • 10. 59 % a

3 Einladungen
a Lesen Sie die Texte. Welche Fotos passen?

Susanne Arndt
Wenn ich Leute zum Abendessen einlade, bereite ich das genau vor. Bevor ich mit der Planung beginne, frage ich meine Gäste, was sie gern essen und was gar nicht. Manche essen kein Fleisch oder trinken keinen Alkohol. Manche sind gegen irgendetwas allergisch. Zu einem guten Essen gehört bei mir eine schöne Tischdekoration. Vieles bereite ich schon einen Tag vorher vor. Nach dem Kochen mache ich mich schön. Dann mache ich Musik an und warte auf die Gäste.

Heinz Buballa
Seit einem Jahr gehe ich nach der Arbeit oft zu Freunden zum Abendessen. Meistens bringe ich eine Flasche von meinem Lieblingswein mit. Ich ziehe mich nicht besonders an. Bei einer feierlichen Einladung trage ich aber schon Anzug und Krawatte und bringe Blumen oder ein kleines Geschenk mit. Mit meinen Einladungen warte ich meistens, bis der Sommer kommt. Dann hole ich den Grill aus der Garage und wir sitzen fast jedes Wochenende draußen und grillen.

b Wer sagt was? Notieren Sie A (Arndt) oder B (Buballa).

1. Zu einer Feier ziehe ich etwas Besonderes an. _____
2. Die Vorbereitungen dauern lange. _____
3. Ich habe fast nur im Sommer Gäste. _____
4. Ich decke den Tisch mit dem guten Geschirr. _____
5. Kurz bevor die Gäste kommen, höre ich Musik. _____
6. Im Winter lade ich selten Leute ein. _____

c Beschreiben Sie eine Einladung bei Ihnen: Uhrzeit, Vorbereitung, Kochen, Kleidung, Gastgeschenke …

4 Präpositionen mit Dativ: Zusammenfassung
a Markieren Sie die Präpositionen und die Dativformen in den Texten oben.

<mark>mit der Planung</mark>

b Ergänzen Sie die Präpositionen *von, aus, bei, mit, nach, seit, zu* und die Dativendungen.

1. Wein kaufe ich meistens _bei_ mein_em_ Freund Yussuf. Ich gehe _____ d____ Arbeit zu ihm.
2. _____ mein_____ Freund bekomme ich immer besondere Schokolade _____ Geburtstag.
3. _____ ein____ Jahr gehe ich oft _____ mein_____ Kollegen _____ d___ Firma Sport machen.

64 *vierundsechzig*

24

5 Schön, dass Sie da sind

a Eine Einladung – Was sagen die Gäste (G) und was die Gastgeber (GG)?

1. _GG_ Bitte nehmen Sie doch noch etwas.
2. ___ Bitte nehmen Sie Platz / setzen Sie sich.
3. ___ Danke, ich würde gerne …
4. ___ Danke, ich trinke keinen Alkohol.
5. ___ Könnte ich noch etwas Reis/Nudeln haben?
6. ___ Bedienen Sie sich doch.
7. ___ Gibt es etwas, das Sie nicht essen?
8. ___ Herzlich willkommen.
9. ___ Hier ist die Garderobe.
10. ___ Ich esse alles / kein Fleisch / keinen Fisch.
11. ___ Könnten Sie mir bitte das Salz geben?
12. ___ Ja gerne. / Nein, danke.
13. ___ Möchten Sie noch etwas / ein Glas Wein?
14. ___ Möchten Sie noch etwas …?
15. ___ Schön, dass Sie gekommen sind.
16. ___ Selbstverständlich. Gerne.
17. ___ Trinken Sie einen Saft oder ein Bier?
18. ___ Vielen Dank für die Einladung.
19. ___ Vielen Dank, es hat sehr gut geschmeckt.
20. ___ Wo kann ich meinen Mantel aufhängen?
21. ___ Der Nachtisch ist wunderbar. Würden Sie mir das Rezept geben?

b Schreiben Sie Dialoge mit den Sätzen aus a und spielen Sie.

c Fünf Tipps – Verbinden Sie 1–5 und a–e.

1. Die Gastgeber laden ein und der Gast
2. Man gibt den Gastgebern
3. Man beginnt mit dem Essen,
4. Wenn Sie essen, behalten Sie
5. Man schneidet nicht das ganze Fleisch

a) den Blumenstrauß ohne Papier.
b) auf einmal in kleine Stücke.
c) keine Hand unter dem Tisch.
d) wenn alle etwas auf dem Teller haben.
e) bedankt sich mit einem kleinen Geschenk, z. B. einem Blumenstrauß.

d Deutsche sind zu Gast bei Ihnen. Sammeln Sie Tipps im Kurs.

6 Zeitgefühl

a Was ist für Sie lang, kurz, oft, selten, alt, jung …? Lesen Sie die Aussagen und kreuzen Sie an: 3 = stimme voll zu, 0 = stimme nicht zu.

3 2 1 0

1. Vier Stunden Deutschunterricht am Stück sind kurz.
2. Eine Stunde Fahrt zu einem Freund ist kurz.
3. Drei Monate Sommer sind lang.
4. Eine Stunde warten beim Arzt ist kurz.
5. Eine halbe Stunde spazieren gehen ist kurz.
6. Zwei Stunden einkaufen gehen ist kurz.
7. Eine Stunde lang zu Abend essen ist kurz.
8. Eine Frau mit 45 Jahren ist jung.
9. Eine Frau bekommt ihr erstes Kind mit 31. Das ist spät.
10. Ein Mann mit 45 Jahren ist alt.

b Machen Sie eine Kursstatistik.

Aussage   Gesamtpunktzahl
1   8

Bei Aussage 1 habe ich 0 Punkte gegeben. Ich finde vier Stunden Unterricht sehr lang.

fünfundsechzig 65

7 Bertolt Brecht: Vergnügungen

2.28 Hören Sie das Gedicht und betrachten Sie die Bilder. Welches passt für Sie besser?

Vergnügungen

Der erste Blick aus dem Fenster am Morgen
Das wiedergefundene alte Buch
Begeisterte Gesichter
Schnee, der Wechsel der Jahreszeiten
Die Zeitung
Der Hund
Die Dialektik
Duschen, Schwimmen
Alte Musik
Bequeme Schuhe
Begreifen
Neue Musik
Schreiben, Pflanzen
Reisen
Singen
Freundlich sein

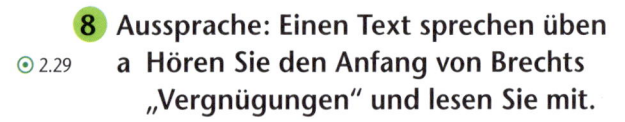

Oskar Kokoschka, Der Marktplatz zu Bremen

8 Aussprache: Einen Text sprechen üben

2.29 **a** Hören Sie den Anfang von Brechts „Vergnügungen" und lesen Sie mit.

Der erste Blick | aus dem Fenster | am Morgen ↘||

Das wiedergefundene | alte Buch ↘||

Begeisterte Gesichter ↘||

Schnee, ↘|| der Wechsel | der Jahreszeiten ↘||

Gabriele Münter, Staffelsee

b Bereiten Sie das Lesen vor.

1. Sprechen Sie zunächst einzelne Teile bis zur nächsten Pause.
2. Sprechen Sie dann den ganzen Satz.
3. Sprechen Sie mit verschiedenen Emotionen (träumerisch, sachlich, begeistert …)

c Üben Sie jetzt den Text mit einem Partner / einer Partnerin.

1. Sie lesen/sprechen und der Partner / die Partnerin hört zu.
2. Schauen Sie Ihren Partner / Ihre Partnerin an (am Satzende): Blickkontakt!
3. Wählen Sie eine „Stimmung" aus und sprechen Sie mit Emotion.
4. Sprechen Sie vor Publikum.

Bertolt Brecht (*1898) ist einer der wichtigsten deutschsprachigen Schriftsteller. Berühmt sind vor allem seine sozialkritischen Theaterstücke und seine Gedichte. 1933 musste er vor den Nazis ins Ausland fliehen. Nach seiner Rückkehr lebte und arbeitete er bis zu seinem Tod 1956 in Ostberlin (DDR). Bertolt Brechts Bild und Stimme können Sie im Internet (z. B. bei You Tube) finden.

www Suchwort: Bertolt Brecht

9 Gedichte von Lernern und Lernerinnen

a Machen Sie die Augen zu und hören Sie.

b Lesen Sie. Welcher Text passt am besten zu Ihnen? Warum?

Vergnügungen
Christian (Ecuador), 19

Ein Traum
Ein Motorrad kaufen
Aufstehen
Der erste Blick aus dem Fenster
    am Morgen
Dunkler Himmel
Ein Buch lesen
Lernen
Duschen
Musik hören
Schlafen
Fernsehen
Einkaufen
Spazieren gehen

Vergnügungen
Aynur (Türkei), 29

Ich denke an ein Land
Wo alle Leute frei sind
Wo es keinen Krieg und
    keinen Hunger gibt
Wo alle in Frieden leben
Wo das Wetter im Sommer
    warm, im Winter kalt ist
Die Kinder
Die Vögel
Die Sonne
Neue Musik
Schlafen
Essen
Andere Menschen treffen

Vergnügungen
Min-Ah (Korea), 24

Der Sonnenschein am
    Morgen
Der Duft von Kaffee
Schöne klassische Musik
    hören
Die Kinder
Der Hund
Das Herbstlaub
Ein Film
Ein schönes Kinder-
    märchen
Das Mondlicht – der Mond
Für meinen Mann kochen
Schöne Kleidung, Parfüm
Das Küssen im Bett am
    Morgen
Beim Untergang der Sonne
Duschen

---

c Sprechen Sie: Was mögen die Personen? Was ist ihnen wichtig?

> Christian träumt von einem Motorrad. Er …

> Für Aynur ist Politik wichtig. Sie möchte …

… träumt von …
… mag …
… findet schön, wenn …
… genießt …

Für … ist … wichtig, wie …
Für … ist … wichtig, dass …
… möchte in einem Land leben, wo …

---

gerne … trinken
ihren Mann lieben
gerne mit … zusammen sein
Politik wichtig sein
in Frieden leben
gerne … gehen / Musik hören

Musik mögen
romantisch sein
gerne zu Hause sein
mit Menschen zusammen sein
die Jahreszeiten / bunte Blätter / die Natur mögen

d Ihre Vergnügungen – Schreiben Sie Ihr Gedicht oder Ihren Text. Lesen Sie vor.

siebenundsechzig **67**

Deutsch verstehen

Der gute Ton

A) Männer und Frauen
Die Frauen haben sich auf vielen Ebenen gleiche Rechte erkämpft. Sie verlangen Respekt und Anerkennung und lassen sich keine Vorschriften machen. Manche Männer müssen lernen, dass eine Frau „Nein" meint, wenn sie „Nein" sagt.

B) Anrede: *du* und *Sie*
Prinzipiell gilt, dass man alle Erwachsenen zunächst mit „Sie" und „Herr" oder „Frau" plus Nachname anredet. Anders als in vielen anderen Ländern ist die Anrede mit Sie auch bei Arbeitskollegen üblich, die man schon seit Jahren kennt. Nur unter Freunden sind die Deutschen weniger distanziert. Hier ist das Duzen normal.

C) Handy
Fast alle Deutschen, die über 12 Jahre alt sind, besitzen heute ein Handy und benutzen es auch oft. Aber es gibt Regeln: Wenn man im Restaurant angerufen wird, sollte man aufstehen und rausgehen. Im Theater, Konzert und Kino schaltet man das Handy aus. Handygespräche in der Öffentlichkeit, z. B. in der Straßenbahn, sollten kurz sein und die anderen Leute nicht stören.

Ich heiße Kurt und Sie?

D) Kleidung
Die Kleiderordnungen sind in Deutschland ziemlich locker: Man zieht an, was einem gefällt. Aber sauber und ordentlich muss die Kleidung sein! In vielen Büros werden Jeans akzeptiert. Schmutzige oder kaputte Kleidung ist nicht akzeptabel. Auch wenn Sie nicht darauf angesprochen werden, müssen Sie wissen, dass unordentliches Aussehen negativ bewertet wird.

E) Weltmeister in der Mülltrennung
In Deutschland wird mehr als in vielen anderen Ländern recycelt. Wegwerfen ist „out", die Mülltrennung gehört zum guten Ton. Man findet fast überall Container für Altpapier, Glas und Plastikabfälle. In fast allen Haushalten gibt es mehrere Mülleimer: einen für Bio-Müll (z. B. Speisereste), einen für „Restmüll" und einen für Papier und Plastik.

Herr Müller, könnten Sie uns bitte einen Kaffee machen?

68   achtundsechzig

24

10 Texte verstehen

a Lesen Sie und ordnen Sie die Texte und Bilder zu.

b Zustimmung und Widerspruch – Zu welchen Texten von Seite 68 passen die Sätze 1–5?

1. ___ Stimmt, die meisten Deutschen sind nicht so locker wie Menschen in anderen Ländern.

2. ___ Also, ich meine, der Zwang zum Recycling ist heute schon schlimmer als das Müllproblem.

3. ___ Das Telefonieren im Restaurant finde ich unhöflich und unmöglich!

4. ___ Also, wir haben im Betrieb eine strenge Kleiderordnung. Männer müssen Krawatte tragen.

5. ___ Ich halte meiner Frau die Tür auf und helfe ihr in den Mantel. Wir finden das beide normal.

11 Fünf Meinungen

◉ 2.31 a Hören Sie zu. Über welche Texte sprechen die Personen?

Silke Paulsen   Ron Winter   Kirsten Bock   Irina Lewy   Rainer Stauch
Text: _____   Text: _____   Text: _____   Text: _____   Text: _____

b Hören Sie noch einmal. Wer stimmt dem Text zu und wer widerspricht?

> Silke Paulsen widerspricht der Aussage, dass …   Sie sagt, dass …
> Sie findet nicht, dass …   Sie findet auch, dass …

c Was sind Ihre Erfahrungen? Sammeln Sie im Kurs.

12 Höflich und freundlich sein

a Mit *bitte*, Modalverben und dem Konjunktiv II kann man Aufforderungen höflicher und freundlicher machen. Schreiben Sie die Sätze wie im Beispiel.

1. Trag den Müll runter.
2. Macht die Musik leiser.
3. Macht das Fenster zu.
4. Trennen Sie Ihren Müll.
5. Telefonieren Sie draußen.
6. Macht euer Handy aus.
7. Kauf nach der Arbeit etwas zu essen ein.
8. Wascht euer Geschirr ab.

> 1. Trag bitte den Müll runter. Kannst du bitte den Müll runtertragen? Könntest du bitte den Müll runtertragen?

◉ 2.32 b Am Ende macht der Ton die Musik. Sie hören vier Sätze von a je zweimal. Was passiert hier? Notieren Sie für jeden Satz: „f" für freundlich oder „u" für unfreundlich.

c Sprechen Sie Ihre Sätze aus a freundlich und unfreundlich.

neunundsechzig 69

Auf einen Blick

Im Alltag

1 Bei Einladungen

● = Gastgeber   ○ = Gäste

● Herzlich willkommen.
  Schön, dass Sie gekommen sind.
○ Vielen Dank für die Einladung.

● Bitte nehmen Sie Platz / setzen Sie sich.
○ Danke.

● Trinken Sie einen Wein/Saft / ein Bier …?
○ Zuerst ein Glas Wasser, bitte.

● Möchten Sie noch etwas / ein Glas Wein?
○ Danke, gerne. / Danke, ich trinke keinen Alkohol.

● Gibt es etwas, das Sie nicht essen?
○ Ich esse alles / kein Fleisch / keinen Fisch …

● Bitte nehmen Sie doch noch etwas.
○ Danke, ich würde gerne …

● Möchten Sie noch etwas …?
○ Ja, gerne. / Nein, danke.

○ Wo kann ich meinen Mantel aufhängen?
● Hier ist die Garderobe.

○ Könnte ich noch etwas Reis/Nudeln haben?
● Aber natürlich, bedienen Sie sich.

○ Könnten Sie mir bitte das Salz geben?
● Selbstverständlich. Hier, bitte.

○ Vielen Dank, es hat sehr gut geschmeckt.
● Das freut mich.

○ Der Nachtisch ist wunderbar. Würden Sie mir das Rezept geben?
● Selbstverständlich. Gerne.

○ Vielen Dank für den schönen Abend.
● Auf Wiedersehen, es war nett, dass Sie da waren.

2 Sich entschuldigen

Leider kann ich nicht zum Fest kommen. Meine Tochter ist krank.
Es tut mir leid, dass wir so spät sind.
Sind wir zu spät? Entschuldigung.
Das Essen dauert leider noch ein bisschen. Kann ich Ihnen schon etwas zum Trinken anbieten?

3 Höflichkeit und Freundlichkeit – weitere Tipps

Pünktlichkeit
ist ein Zeichen von Höflichkeit. Zeigen Sie Respekt für die Zeitplanung von anderen. Wenn Sie zu spät kommen, dann sollten Sie anrufen.

Fehler
Wenn Sie merken, dass Sie einen Fehler gemacht haben, dann sollten Sie sich entschuldigen.

Straßenbahn/Bus/Bahn
Wenn jemand Probleme hat, dann sollte man Hilfe anbieten.

Danke sagen
Man sagt lieber einmal zu viel „Danke" als einmal zu wenig.

Kontakte herstellen
Wenn sich bei Ihnen Leute treffen, die sich nicht kennen, dann stellen Sie die Leute vor. So kommt man leichter ins Gespräch.

Heide, das ist Elmar Gans, wir singen zusammen im Chor. Er ist auch Jazzfan wie du.

Darf ich vorstellen? Das ist Heide Mack, eine Arbeitskollegin von mir.

Im Alltag EXTRA
▶ S. 136

24

Grammatik

1 Präpositionen mit Dativ (Zusammenfassung)

Diese Präpositionen stehen immer mit Dativ.

aus	Ich komme meistens erst um acht Uhr **aus der** Firma.
bei	Sonntags sind wir immer **bei meinen** Eltern zum Essen eingeladen.
mit	Ich koche gern **mit meiner** Freundin zusammen.
nach	**Nach dem** Essen gibt es immer einen Nachtisch.
seit	Ich esse **seit einem** Jahr nicht mehr in der Kantine, weil es mir nicht schmeckt.
von	Ich komme gerade **von der** Arbeit und muss noch einkaufen gehen.
zu	Samstags kommen oft meine Freunde **zu mir** und wir grillen zusammen.

TIPP So kann man sich diese Präpositionen gut merken:

Herr **VON NACHSEITZU**
und Frau **AUSBEIMIT**
bleiben mit dem Dativ fit.

2 Nebensätze: Übersicht

Warum?	Ron kauft Blumen**, weil** er zum Essen eingeladen ist.	Grund
Wann?	(Immer) **Wenn** Anne abends Wein trinkt, schläft sie schlecht.	Wiederholung
Wenn ...	**Wenn** sie nicht bald kommen, (dann) wird das Essen kalt.	Bedingung
Wann?	**Bevor** ich ins Bett gehe, lese ich noch etwas.	Reihenfolge
Bis wann?	Sie wartet, **bis** es an der Tür klingelt.	*jetzt* → Zeitpunkt in der Zukunft
	Ich bin der Meinung, **dass** die Deutschen gar nicht so pünktlich sind.	dass-Satz
	Fast alle Deutschen, **die** über zwölf Jahre alt sind, haben heute ein Handy.	Relativsatz
	Der Mülleimer, **den** du benutzt hast, ist für Bio-Müll.	

Aussprache

Einen Text sprechen üben

– Markieren Sie den Text und sprechen Sie einzelne Abschnitte.
– Sprechen Sie immer laut.
– Variieren Sie das Sprechen (Tempo, Gestik, Mimik, verschiedene Rollen/Emotionen ...)
– Üben/Sprechen Sie mit einem Partner / einer Partnerin.
– Denken Sie an Pausen.
– Schauen Sie in den Sprechpausen die Zuhörer an. Blickkontakt ist sehr wichtig!

einundsiebzig **71**

Raststätte

1 Leben in Frankfurt

a Eine E-Mail von Brigitte – Lesen Sie, betrachten Sie die Fotos und ordnen Sie zu.

VON: b.beuwink@zdt.de
AN: swetlana.bw@yadu.dom

Liebe Swetlana,

in zwei Wochen ist es so weit und du kommst mich endlich in Frankfurt besuchen! Ich freue mich schon sehr.
Damit du ein bisschen was über Frankfurt weißt, schreibe ich dir ein paar Informationen über meine Lieblingsstadt und hänge ein paar Fotos an!
Frankfurt ist eine Metropole im Kleinformat – und gerade das macht die Stadt am Main so lebenswert und so liebenswert! Die Stadt ist schnell und dynamisch, aber nicht so stressig wie andere Großstädte.
Rund 660.000 Frankfurterinnen und Frankfurter leben in der Stadt am Taunus. (___) Shopping machst du am besten in Frankfurts beliebtester Einkaufsmeile, der Zeil. Hier findest du alle bekannten Kaufhäuser. Die Zeil ist übrigens eine der umsatzstärksten Einkaufsstraßen Europas. Schau dir auf jeden Fall unsere Architektur-Attraktion in der Zeil an, das Einkaufszentrum „My Zeil", mit der spektakulären Fassade. (___) Frankfurt ist aber auch gemütlich. Zum Beispiel in den Apfelweinkneipen in Alt-Sachsenhausen. (___) Auf langen Bänken an Holztischen trinkt man „Ebbelwoi", so heißt hier der Apfelwein. (___) Wenn du internationale Küche magst, gehen wir zum Frankfurter Bahnhof. Da kann man an jeder Ecke türkisch, italienisch, indisch, chinesisch oder pakistanisch essen. Meine Metropole ist bunt. 180 Nationen leben hier friedlich zusammen, fast jeder Dritte hat keinen deutschen Pass.

Im August gibt es bei uns ein ganz tolles Fest am Main! (___) Nimm unbedingt deinen Fotoapparat mit. Ich checke noch den genauen Termin.
Ach ja, weil wir gerade bei den Superlativen sind:
In Frankfurt ist die weltweit größte Bücherschau zu Hause. Die Buchmesse gibt es seit über 500 Jahren. Der Börsenverein des Deutschen Buchhandels verleiht jedes Jahr den Friedenspreis in der Paulskirche. (___) Das ist der Ort, an dem 1848 der Grundstein für die deutsche Demokratie gelegt wurde! Und bei Büchern muss natürlich auch der berühmteste Sohn der Stadt genannt werden: Johann Wolfgang von Goethe wurde am 28. August 1749 in Frankfurt geboren! Darum gibt es hier einen Goetheplatz, eine Goethestraße und eine Goethe-Universität. (___)
Weil ich ja meine Brötchen als Informatikerin in einer Bank verdiene, noch eine Information zum Schluss: Frankfurt ist das Finanzzentrum von Europa. Es gibt über 300 Banken. Die Deutsche Bundesbank und etwa 190 internationale Finanzinstitute sind hier. Auch die Europäische Zentralbank ist in Frankfurt. Und über 100 Hochhäuser, meist Bank- oder Bürogebäude haben Frankfurt den Namen „Mainhattan" gegeben. (___)
Schreib mir bitte, wann du ankommst. Ich hole dich ab! Und dann kaufen wir gleich eine Frankfurt Card. (___) Damit kannst du kostenlos mit allen Linien im Stadtgebiet inklusive Flughafen fahren. Und es gibt Eintrittsermäßigung für Frankfurter Museen, den Zoo, den Palmengarten ...

Bis bald und herzliche Grüße
deine Brigitte

P.S.: Ach ja, nimm bitte bequeme Schuhe mit!
Wir müssen einen Ausflug in den Taunus machen –
zum Kaffeetrinken nach Königsstein.

2.33 **b Hören Sie zu. Von welchem Fest spricht die Moderatorin? Kreuzen Sie an.**

☐ Buchmesse   ☐ Mainfest   ☐ Museumsuferfest   ☐ Dippemess   ☐ Weihnachtsmarkt

c Hören Sie noch einmal und notieren Sie.

Beginn: Ende: Anfahrt:

Projekt:
Wie kann man eine Stadt entdecken?
allein • mit Freunden • eine Führung machen • Reiseführer • Internet ...

dreiundsiebzig 73

Raststätte

2 Sprechen üben – Informationsaustausch
   a Wählen Sie ein Foto aus und berichten Sie Ihrem Partner / Ihrer Partnerin.

   – Was sehen Sie auf dem Foto?
   – Was für eine Situation zeigt dieses Bild?

   b Erzählen Sie im Kurs: Wie ist das in dem Land, aus dem Sie oder Ihre Eltern kommen?

3 Gemeinsam etwas planen
   a Ihr Kind geht in die Kindertagesstätte „Robinson". Sie möchten mit den anderen Eltern ein Fest machen. Sammeln Sie Ideen.

   > Wann soll das Fest sein?   Was brauchen Sie noch? (Musik, Spiele ...)
   > Essen und Trinken   Wer macht was?
   > Was kostet das?   ...

   b Stellen Sie Ihre Ideen im Kurs vor.

74 vierundsiebzig

Effektiv lernen

Tipps für die Prüfungsvorbereitung

1. Aus welchen Teilen besteht der Test?
   Wie viele Punkte bekommt man für jeden Teil?
   Wie viele Punkte brauche ich?

2. Was kann ich sehr gut / gut / nicht so gut?
   a) Notieren Sie ++/+/0 in Ihrer Tabelle.
   b) Kontrollieren Sie im Testtraining 1–4.

3. Was, wann, wie lange, wie, wo muss ich lernen?

4. Machen Sie einen Lernplan:
   Was möchte ich verbessern?
   Wo finde ich Übungen?

Hören		Lesen
Teil 1	5 Punkte	...
Teil 2		
Teil 3		

Problem	Übungen
Hören Teil 3	Testtraining 3 + 4
Lesen Teil 2	Testtraining 2 + 4, Kapitel 10, A8

5. Machen Sie einen Zeitplan.

– Fangen Sie früh genug an.
– Arbeiten Sie jeden Tag etwas.
– Denken Sie an Pausen – nicht zu lange lernen!
– Denken Sie auch an körperlichen Ausgleich: joggen, spazieren gehen, Fahrrad fahren …

6. Wie lernen Sie gut/gern? Kreuzen Sie an. Überlegen Sie dann: Was möchten und können Sie ändern?

	ja	nein	manchmal
Ich lerne allein.	☐	☐	☐
Ich höre Musik beim Lernen.	☐	☐	☐
Ich brauche regelmäßige Lernzeiten.	☐	☐	☐
Ich mache Lernplakate.	☐	☐	☐
Ich lerne mit Lernkarten.	☐	☐	☐
Ich höre viel Radio / sehe viel fern.	☐	☐	☐

7. Suchen Sie sich Lernpartner/innen.
   Gemeinsam lernen hilft!

TIPP Prüfungsangst?
Das beste Mittel gegen Prüfungsangst ist eine gute Vorbereitung!

Raststätte

VIDEO

Teil 1
Alltag und Medien

Welche Medien benutzt Felice wann?

Am Morgen: Im Büro: Nach der Arbeit: ...
Radio ...

Teil 2
Lesen Sie den Text und ordnen
Sie die Bilder zu. Vergleichen Sie
mit dem Video.

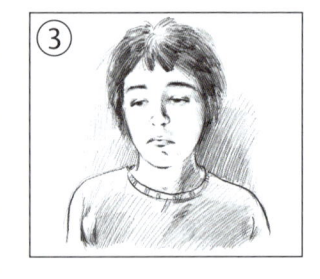

Die Arche Noah

[3] Ich kam mit meiner ganzen Familie, Mutter, Vater und Schwester aus Belgrad, damals Jugoslawien, nach Deutschland. Ich war damals fünf Jahre alt. Wir hatten keine Verwandten in Deutschland. Die Großen hatten in der Schule ein bisschen Deutsch gelernt. Ich konnte kein einziges Wort.

☐ In unserer Wohnung in München wurde mir bald langweilig. Ich stand immer öfter am Fenster
☐ und schaute sehnsüchtig auf den Hinterhof, in dem viele Kinder spielten. Ich traute mich einfach nicht herunterzugehen, denn ich konnte ja ihre Sprache nicht sprechen.
☐ Die Sehnsucht nach Freunden war stärker als die Scham. Wie viele Tage vergingen, bis ich den ersten Kontakt aufnahm, weiß ich nicht mehr. Aber wie ich es tat, weiß ich heute noch genau. Ich öffnete das Fenster und bellte wie ein Hund nach unten zu den Kindern.
☐ Nach der ersten Überraschung kam bald ein Bellen zu mir zurück. Und dann wurde der „Wortschatz" schnell erweitert. Dem Hund antwortete eine „Katze" mit „Miau", der Katze antwortete ein Pferd und dem Pferd muhte die „Kuh" zurück. Nach ein paar Tagen war die Arche Noah voll.
☐ Meine Eltern sagten später, dass ich in weniger als einem Monat fließend Deutsch sprechen gelernt hatte. Ich selbst kann mich nicht erinnern, wie ich die Sprache gelernt habe.

76 *sechsundsiebzig*

Was kann ich schon?

Suchen Sie sich fünf Aufgaben aus. Notieren Sie je ein Beispiel (Aussagen/Fragen) dazu. Vergleichen Sie im Kurs.

Ich kann …

1. … nach dem Weg fragen / einen Weg beschreiben.	2. … meine Meinung sagen: zustimmen/widersprechen.	3. … nach einem Datum fragen.
4. … im Café etwas bestellen.	5. … etwas begründen.	6. … jemandem einen Ratschlag geben.
7. … einen Vorschlag machen.	8. … meine Wohnung beschreiben.	9. … mich über eine Wohnung informieren.
10. … sagen, was ich gestern gemacht habe.	11. … zwei Dinge (z. B. Kleidung) vergleichen.	12. … meinen Beruf beschreiben.
13. … ein Wort / einen Gegenstand erklären.	14. … Wünsche äußern.	15. … eine Bitte sehr freundlich formulieren.
16. … sagen, warum ich etwas tue.	17. … sagen, was ich gerne mache.	18. … mein Land und Deutschland vergleichen.

zu 13: Eine Kaffeemaschine ist eine Maschine, die Kaffee macht.

Ich über mich

Schreiben Sie über Ihr „Sprachenlernen".

Ich komme aus Lodz und spreche Polnisch. Das ist meine Muttersprache. In der Schule habe ich auch Englisch gelernt. Ich bin jetzt seit 8 Monaten in Berlin. Am Anfang habe ich nur Englisch gesprochen. Aber seit einem halben Jahr bin ich im Deutschkurs an der VHS. Wir sind fast am Ende von Niveau A2. Ich arbeite halbtags in einem Drogeriemarkt. Meine Kolleginnen haben unterschiedliche Muttersprachen, deshalb unterhalten wir uns auf Deutsch. So habe ich viel Übung und lerne viele neue Wörter. Manche sind richtig kompliziert: Feinwaschmittel, Waldbeerenmüsli, Zahnpflegekaugummi …

Ich bin als kleines Kind mit meinen Eltern aus der Türkei nach Deutschland gekommen. Im Kindergarten habe ich schnell Deutsch gelernt wie meine zweite Muttersprache. In der Schule habe ich noch Englisch und Spanisch gelernt. Heute arbeite ich in einem großen Verlag im Marketing. Sprachkenntnisse sind dabei sehr wichtig, denn ich bin viel im Ausland.
Mit meinen Eltern spreche ich immer nur Türkisch. Sie sprechen wenig Deutsch. Aber jetzt wollen sie einen Sprachkurs machen.

siebenundsiebzig 77

19 Das finde ich schön

1 Wer ist das?

1.1 Adjektive – Markieren Sie die 30 Adjektive im Kasten (→).

t	u	l	c	m	j	u	n	g	o	b	k	s	c	h	ö	n	d	g	r	a	u	d
i	z	p	h	k	m	b	l	h	e	l	l	y	f	r	i	s	c	h	h	e	n	i
n	k	g	b	q	j	o	w	k	p	p	r	a	k	t	i	s	c	h	j	b	c	d
d	t	g	d	b	s	v	n	u	z	s	c	h	n	e	l	l	n	k	l	e	i	n
d	u	n	k	e	l	b	q	k	a	p	u	t	t	a	l	t	i	b	r	a	u	n
h	r	k	j	f	w	d	k	p	o	k	o	n	s	e	r	v	a	t	i	v	s	d
s	a	u	b	e	r	i	a	u	x	i	n	t	e	r	e	s	s	a	n	t	h	f
y	e	k	a	l	t	k	j	i	z	t	e	u	e	r	b	i	l	l	i	g	p	n
d	x	a	u	s	g	y	l	a	n	g	x	a	m	m	s	d	i	c	k	k	g	p
o	m	q	t	b	e	c	g	e	l	b	w	e	i	t	r	o	t	b	o	y	f	j
x	m	g	w	b	d	z	g	r	o	ß	b	l	a	u	v	v	z	g	r	q	z	k
b	w	e	k	o	s	t	e	n	l	o	s	w	a	r	m	g	p	j	n	x	o	y
t	k	t	g	r	ü	n	o	s	c	h	w	a	r	z	l	s	c	h	l	a	n	k

1.2 Ergänzen Sie nun 1–10. Es gibt mehrere Möglichkeiten.

1. Mit Anzug und Krawatte siehst du sehr _____*jung*_____ aus.
2. In dem Kleid siehst du richtig _____ aus!
3. Dafür musst du nichts bezahlen, das ist _____.
4. Das Gegenteil von unpraktisch ist _____.
5. Die Hose ist _____.
6. In der Jacke ist ein Loch – die Jacke ist _____.
7. Der Pullover war in der Waschmaschine. Jetzt ist er _____.
8. Dieser Pullover kostet nicht viel. Er ist sehr _____.
9. Schuhe für 150 Euro? Das ist aber sehr _____.
10. Du hast Größe 42. Schuhe mit Größe 40 sind dir bestimmt zu _____.

1.3 Welche Farben haben Sie gefunden und welche Nomen fallen Ihnen dazu ein?

grau — der Winter
der Pullover
gelb — das Ei

1.4 Mit welchen Adjektiven beschreiben Sie einen Menschen / ein Auto? Sammeln Sie und vergleichen Sie im Kurs.

78 achtundsiebzig

19

○ 4.2 **1.5 Wiederholung: Besuch von den Eltern – Ergänzen Sie die Possessivartikel. Hören Sie zur Kontrolle. Probleme? 🎧 Hören Sie zuerst und ergänzen Sie dann.**

● Hier wohne ich. Das ist m__ein__ Zimmer und gleich daneben ist u__nsere__ Küche und u__nseres__ Bad. Gegenüber wohnt Theo mit s__einer__ Freundin. Möchtet ihr e__ure__ Jacken aufhängen? Hier ist u__nsere__ Garderobe.

○ Ach, das ist jetzt e__ure__ Garderobe? Früher hat das in u__nserem__ Badezimmer gehangen.

● Kennst du noch die Regale von d__einer__ Freundin Inge? Sie hat mir i__hre__ Regale für m__einem__ Zimmer geschenkt – und auch i__hre__ Stühle.

○ Interessant! Wie schön, das ist ja die Lampe von d__einer__ Großmutter. D__einen__ Schreibtisch kenne ich auch, der ist bestimmt schon 45 Jahre alt! Und hier finde ich endlich u__nsere__ Bücher. Und hier ist u__nseres__ Fotoalbum!

● Das gehört mir! Das hat mir m__ein__ Vater geschenkt, d__ein__ Ehemann!

○ Also gut. Hier sind d__eine__ Handtücher und d__eure__ Bettwäsche. Sabine schenkt dir i__hre__ Blumen, weil sie ein Jahr ins Ausland geht! Und von uns bekommt ihr noch drei Flaschen Wein zu e__urem__ Einzug.

2 Adjektive vor dem Nomen

2.1 Adjektivendungen nach unbestimmten Artikeln und Possessivartikeln – Ergänzen Sie die Tabelle.

	Nominativ Das ist/sind …	Akkusativ Er möchte …	Dativ Das ist meine Wohnung mit …
Maskulinum der Tisch	(m)ein neuer Tisch.	ein neuen Tisch	einem neuen Tisch
Neutrum das Bett	mein neues Bett	ein neues Bett	einem neuen Bett
Femininum die Vase	meine neue Vase	eine neue Vase	einer neuen Vase
Plural die Lampen	meine schönen Lampen	meine schönen Lampen	meinen neuen Lampen

2.2 Markieren Sie die Verben und ergänzen Sie die Endungen.

1. Ich **habe** mein__en__ rot__en__ Teppich noch nicht bezahlt.
2. Wann hast du dein__e__ alt__e__ Wohnung gekündigt?
3. Ist das dein __/__ neu__es__ Zimmer?
4. Ich suche__ __ ein __/__ alt__es__, billig__es__ Haus. Das möchte ich dann selbst renovieren.
5. In der Zeitung stehen kein__e__ billig__en__ Häuser zur Vermietung.
6. Mein__e__ klein__e__ Wohnung liegt direkt im Zentrum.

neunundsiebzig 79

2.3 Markieren Sie die Präpositionen und ergänzen Sie die Endungen.

1. Mein Traum ist ein Apartment **mit** ein**em** kleinen Garten.
2. Mein Freund hat lange (in) ein**em** möbliert**en** Zimmer gewohnt.
3. Ich gehe nicht mehr (zu) mein**em** alt**en** Friseur. Der ist zu teuer.
4. Hast du (in) dein**er** neu**en** Wohnung auch eine Waschmaschine?
5. Im Herbst trage ich am liebsten Jeans (mit) ein**em** warm**en**, weich____ Pullover.
6. Am Wochenende fahre ich (zu) mein**er** alt**en** Schulfreundin.
7. Ich feiere meinen Geburtstag (mit) mein**en** alt**en** Freunden und ein**em** gut**en** Essen.

○ 4.3 **2.4 Aussprache wiederholen**

1. Sprechen Sie die Adjektive mit den Endungen *-ig, -lich, -isch*.

billig • freundlich • amerikanisch • wichtig • schriftlich • pünktlich • lustig • ausländisch • sonnig • täglich • spanisch • farbig • vorsichtig • richtig • mündlich • asiatisch • ruhig

○ 4.4 2. Hören Sie und sprechen Sie nach. Achten Sie auf die Aussprache von *-ig*.

billig – ein billiges Radio schriftlich – eine schriftliche Prüfung
wichtig – ein wichtiges Gespräch freundlich – ein freundlicher Verkäufer
ruhig – eine ruhige Musik ausländisch – ein ausländisches Geldstück

3 Personen beschreiben
3.1 Ergänzen Sie.

① Heute trägt Herr Manz eine blau**e** Hose mit einem schwarz**en** Gürtel. Dazu möchte er sein schwarz**es** Jackett mit einer gelb**en** Krawatte anziehen, aber seine lieb**e** Frau mag keine gelb**en** Krawatten. Sie findet, dass ein schwarz**es** Jackett und eine gelb**e** Krawatte nicht zusammenpassen.

② Frau Manz zieht heute Abend ihre rot**e** Jeans an mit einer weiß**en** Bluse. Zu der weiß**en** Bluse passt ihre neu**e** grau**e** Jacke. Sie trägt auch einen leicht**en** Schal, weil sie stark**en** Halsschmerzen hat.

③ Lisa will ihr neu**es**, grün**es** Kleid nicht anziehen. Sie will auch ihre schick**en** Schuhe nicht tragen. Sie mag keine neu____ Schuhe. Sie will nur ihren blau**en** Trainingsanzug mit ihren alt**en** Turnschuhen anziehen und vielleicht auch ein bunt**es** Halstuch und eine rot**e** Mütze.

80 *achtzig*

19

3.2 Lesen Sie 3.1 noch einmal. Ergänzen Sie die Fragen und antworten Sie wie im Beispiel.

1. Was für eine Hose ____trägt____ Herr Manz?
2. Was für Jeans _____?
3. Was für ein Jackett möchte er _____?
4. Was für einen Schal _____?
5. Was für Krawatten _____ seine Frau nicht?
6. _____ will Lisa nicht anziehen?

1. Eine blaue.

3.3 Schreiben Sie die Namen der Körperteile zu den Figuren und beschreiben Sie die Personen.

Ⓐ   Ⓑ — die Nase

Person A hat eine lange Nase, einen kleinen Mund ...
Person B hat einen ...

4 Aussprache: Schwaches e
4.5 Hören Sie und ergänzen Sie -e, -er, oder -en. Sprechen Sie laut.

ein_e_ – ein___ – ein___   Hier ist ein___ grün___ Hos___ und ein___ blau___ Pullov___.
groß___ – größ___ – groß___   Wir hab___ ein___ groß___ Küch___ und ein___ groß___ Balkon.
schnell___ – schnell___ – schnell___   Mein Auto ist etwas klein___ als ein___ schnell___ Porsch___.

5 Thema „Schönheit"
4.6 5.1 Beruf: Hotelkauffrau – Hören Sie. Was ist richtig?

1. Frau Kment verkauft Hotels.   ☐ Richtig   ☐ Falsch

2. Was macht sie?
   ⓐ Sie sitzt an der Rezeption.
   ⓑ Sie macht die Zimmer sauber.
   ⓒ Sie gibt den Kunden Visitenkarten.

3. Sie muss auf ihr Aussehen achten.   ☐ Richtig   ☐ Falsch

4. Welche Kleidung trägt sie oft bei der Arbeit?
   ⓐ Sie trägt meistens eine weiße Bluse und einen dunkelblauen Rock.
   ⓑ Die Farben vom Hotel: blau und weiß.
   ⓒ Manchmal trägt sie auch einen Hosenanzug und einen bunten Pullover.

5. Früher hat sie privat bequeme Kleidung getragen. ☐ Richtig   ☐ Falsch

6. Welche Kleidung trägt sie heute gern?
   ⓐ Sie trägt zu Hause gern einen Jogginganzug.
   ⓑ Sie möchte Berufskleidung und Alltagskleidung trennen.
   ⓒ Sie findet, dass elegante Kleidung am besten zu ihr passt.

einundachtzig **81**

5.2 Was gehört zum „guten Leben"? Notieren Sie fünf Wünsche. Vergleichen Sie im Kurs.

> Ich möchte eine große Familie! Ich finde ein schnelles Auto gut.

gut teuer bequem schön Essen Auto Fest Figur Familie
interessant schnell Wohnung Freund/Freundin Kinofilm Ausbildung
Beruf Geld

5.3 Kleider machen Leute – Stimmt das? Ergänzen Sie den Text.

Vielleicht stimmt d____ ja zum Te____, aber wichtiger i____ doch die Persönlichkeit. Ich mag keine modische Kleidung. Meistens kaufe ich meine Sachen in Secon____-Läden. Ich bin noch in der Ausbildung und habe wenig Geld. Kleide____ und Körperpflege dürfen nicht mehr als 50 Euro im Monat kosten. Und morgen gehe ich schnell unter die Dusche. Ich brauche nur zehn Minuten im Bad, weil ich mich vor der Arbeit nicht schminke. Ich frühstücke lieber gemütlich. Für die Disco ziehe ich mich aber schick an und schminke mich.

6 Eine Mode-Umfrage

6.1 Notieren Sie Fragen zu den Aussagen 1–5 und vergleichen Sie im Kurs.

1. Mode finde ich langweilig.
2. Meine Mutter hat sich nie geschminkt.
3. Nur alte Leute gehen in Deutschland jede Woche zum Friseur.
4. Ich finde, Männer sollten nur Rasierwasser benutzen.
5. Ich möchte blonde, lange Haare haben.

> 1. Ziehst du dich gerne modisch an? Ist Mode für dich wichtig? ...
> 2. ...

6.2 Präpositionen mit Akkusativ: *für, ohne* – Ergänzen Sie die Präposition und die Endungen.

1. Julius verreist nie _ohne_ ein____ gut_es_ Buch im Gepäck.
2. Maria kauft Kinogutscheine _für_ ihr_e_ Freundin und _für_ ihr_en_ Nachbarn. Dann gehen sie gemeinsam ins Kino.
3. Robert will nicht _ohne_ sein_en_ Laptop und _ohne_ sein_e_ Freundin in Urlaub fahren.
4. Erhan verbringt kein Wochenende _ohne_ sein_e_ Familie.
5. In der letzten Woche hat Sandy _für_ ihr_er_ Oma die Küche renoviert.
6. _Für_ euch koche ich am liebsten! Euch schmeckt es immer!

7 Komplimente

7.1 Sehen Sie sich die Bilder an und lesen Sie dann den Text auf Seite 83. Wie geht der Text auf dem Anrufbeantworter weiter?

> Sie haben drei neue Nachrichten.

15 Uhr 45: Lisa hat gleich Feierabend und räumt ihr Büro auf. Sie telefoniert auf ihrem Handy: „Natürlich bist du schön! Du hast wundervolle, blonde Haare und deine blauen Augen sind herrlich! Dein Lächeln ist bezaubernd – ich freue mich jedes Mal, wenn ich dich anschaue!"

16 Uhr 10: Lisa geht von ihrem Büro nach Hause. Sie muss fünf Stationen mit der U-Bahn fahren. Sie telefoniert: „Aber nein, du bist doch nicht zu dick! Du bist genau richtig! Du kannst jeden Tag Kuchen essen ... mit Sahne! Übrigens ... die schwarze Jeans macht deine Beine noch länger! Du kannst auch gut deinen kurzen, grünen Rock anziehen. Da schauen sich viele Männer nach dir um! Ganz sicher!"

16 Uhr 35: Lisa steigt aus und kauft sich ein Stück Kuchen in der Bäckerei vor ihrem Haus.

Sie telefoniert mit ihrem Handy: „Du kannst fantastisch kochen. Ich komme jedesmal gern zu dir ... wirklich! Und deine Wohnung ist so gemütlich. Langweilig? Du bist doch nicht langweilig! Ich finde die Gespräche mit dir immer toll – du kannst so gut zuhören und hast immer gute Ideen. Und witzig bist du auch. Weißt du noch – am letzten Wochenende? Wir haben stundenlang gelacht ..."

16 Uhr 45: Lisa ist in ihrer Wohnung und kocht sich einen frischen Cappuccino. Sie nimmt den Kuchen und den Cappuccino, legt sich gemütlich aufs Sofa. Sie genießt den ersten Schluck Cappuccino, isst das erste Stück und hört den Anrufbeantworter ab: „Natürlich bist du schön! Du hast wundervolle, blonde Haare und deine blauen Augen ..."

7.2 Schreiben Sie Ihren Text für Ihren Anrufbeantworter.

Für Männer: Deinen Kleidungsstil finde ich toll, seriös und doch locker. • Du wirkst sehr männlich. • Du bist ein sportlicher Typ. • Du bist nicht zu dünn und nicht zu dick, genau richtig. • Deine ... Haare gefallen mir. • Du hast bestimmt Erfolg bei ... • Du bist sehr ruhig und selbstsicher. • Deine ... Krawatten stehen dir immer super. • Du hast viel Humor ...

Effektiv lernen

Strategisch Hören

Das Hören vorbereiten – Fragen Sie sich:
– Was weiß ich über die Situation / das Thema?
– Was kenne ich auf Deutsch?
– Was möchte ich wissen und was kommt in der konkreten Situation wahrscheinlich vor?

Beim Hören – Darauf können Sie achten:
– Was verstehe ich?
– Im persönlichen Gespräch: Schauen Sie den Sprecher / die Sprecherin an. Achten Sie auf die Körpersprache und den Sprachton.
– Probleme? Bitten Sie: „Sprechen Sie bitte langsamer/deutlicher."

Hören trainieren
– Hören Sie möglichst oft Radio: Wartezeiten sind Lernzeiten.
– Hören Sie die Nachrichtensendungen an einem Tag mehrmals an.
– Hören Sie Sendungen über Themen, die sie kennen.
– Im Internet finden Sie viele Sendungen als Podcast und Sie können häufig die schriftlichen Texte dazu als PDF-Datei herunterladen (www.dw-world.de oder www.podcast.de)

Sie hören Nachrichten.

TIPP Wer aktiv Deutsch liest, hört und sieht, der lernt schneller.

20 Komm doch mit!

1 Aktivitäten

1.1 Wiederholung: Verabredungen – Schreiben Sie Dialoge nach den Dialogplänen. Es gibt mehrere Möglichkeiten.

1
Wochenende/Schwimmbad? → ☹ / Radfahren
☺ / Wann? ←
☹ / ausschlafen ← Samstag / 8 Uhr
o. k. / Wohin? → 10 Uhr
Wie lange? → zum Badesee
o. k. ← zurück / 5 Uhr

2
Kino? → Film?
„Amelie" ← Zeit?
heute / 20 Uhr → zu Ende?
± 22 Uhr ← – – / kein Babysitter
morgen? → ++

1.2 Bei jedem zweiten Wort fehlt die Hälfte. Ergänzen Sie den Text.

„Ich habe zehn Monate Deutsch gele__ __ und da__ __ bin i__ __ in and__ __ __ Volkshochschulkurse gega__ __ __ __. Ich ha__ __ z. B. einen Näh__ __ __ __ gemacht u__ __ einen Koch__ __ __ __. Da ha__ __ ich vi__ __ __ Leute kennen__ __ __ __ __ __ __ __, au__ __ Deutsche, ein__ __ __ sind he__ __ __ meine bes__ __ __ Freunde. Im näch__ __ __ __ Semester wi__ __ ich einen Fotografiekurs machen."

„Ich gehe oft mit meiner Tochter in d__ __ Park a__ __ den Spiel__ __ __ __ __ __. Sie spi__ __ __ und i__ __ sitze a__ __ einer Ba__ __ und sch__ __ __ __ ihr zu. Al__ __ Mütter unter__ __ __ __ __ __ __ sich. I__ __ lese Zei__ __ __ __ __ oder hö__ __ Musik m__ __ meinem MP3-P__ __ __ __ __ __. Ab u__ __ zu tre__ __ __ __ ich mi__ __ auch m__ __ Bekannten. W__ __ bringen et__ __ __ __ zum Es__ __ __ und Tri__ __ __ __ mit u__ __ machen m__ __ allen Kin__ __ __ __ __ Picknick oder wir grillen."

2 Was machen Sie gern?
Schreiben Sie über sich.

1. Ich mag _____
2. Ich gehe gern in _____
3. Ich spiele gern _____
4. Ich gehe nicht gern _____
5. _____
6. _____

84   vierundachtzig

20

3 Thema „Freizeit"

3.1 Schreiben Sie die Fragen.

1. Bist du in
2. Brauchst du viel
3. Hast du ein
4. Liest du gern oder
5. Machst du
6. Triffst du
7. Möchtest du gerne
8. Was ist Freizeit für
9. Was machst du
10. Wie viel

_____ a) dich?
_____ b) Freizeit hast du?
_____ c) in deiner Freizeit im Winter?
_____ d) Sport?
_____ e) Hobby?
__1__ f) einem Verein?
_____ g) in der Freizeit viele Freunde?
_____ h) mehr Leute kennenlernen?
_____ i) Geld für deine Freizeit?
_____ j) gehst du lieber ins Kino?

1. + f) Bist du in einem Verein?

3.2 Wiederholung: Perfekt mit *haben* oder *sein*? Schreiben Sie die Sätze und beantworten Sie sie für sich.

1. gehen / Sie / zum letzten Mal / spazieren / Wann / ?
   Wann sind _____
2. spielen / Sie / Tennis / schon einmal / ?
   _____
3. lernen / Sie / Fahrradfahren / Wann und wo / ?
   _____
4. wandern / Sie / schon / Wie oft / ?
   _____
5. lesen / zum letzten Mal / Sie / ein Buch / Wann / ?
   _____

4 Alle, jemand, niemand …

4.1 Personen und Sachen – Ordnen Sie zu.

nur Personen *man* _____

nur Sachen _____

Personen oder Sachen _____

man • einige (Pl.) • etwas • nichts • alle (Pl.) • viele (Pl.) • jemand • niemand

fünfundachtzig 85

4.2 Ergänzen Sie die Sätze mit den passenden Indefinita aus 4.1.

1. ● Entschuldigung, haben sie noch ___etwas___ Brot für mich?
   ○ Tut mir leid. Es ist ___nichts___ mehr da.
2. ● Kann mir bitte ___jemand___ helfen? Mein Computer funktioniert nicht mehr.
   ○ Heute ist ___niemand___ mehr im Haus. Morgen früh kommt ___jemand___ zu Ihnen.
3. ● Können bitte ___alle___ Mitarbeiterinnen morgen früh in mein Büro kommen?
   ○ Das geht nicht, weil ~~viele~~ ___einige___ in einer Besprechung mit Kunden sind.
4. ___Man___ kann sich in Deutschland auch nach der Schule weiterbilden.
5. Im August haben ___viele___ Mitarbeiter Urlaub, aber ___einige___ gehen auch erst im September.
6. ___man___ kann nicht alles haben, viel Freizeit und viel Geld!
7. Ich nehme mir nächste Woche ___viele / einige___ Tage frei. Am Donnerstag komme ich wieder.

5 Aussprache: s, sp, st, sch, z, ch

4.7 Ergänzen Sie die Konsonanten. Hören Sie zur Kontrolle und sprechen Sie.

1. sich __sch__minken – si____ schön an____iehen | Sie schminkt si____ und ____ieht sich ____ön an.
2. si____ streiten – sich ge____ritten haben | Sie haben ____ich auf der Party ge____ritten.
3. tan____en – ____usammen tanzen | ____ie tan____en den gan____en Abend ____usammen.
4. ____rechen – gespro____en haben | Sie haben nur Deut____ ge____rochen.

6 Nach dem Kurs – Pronomen

4.8 Schreiben Sie die Minidialoge. Es gibt z. T. mehrere Möglichkeiten. Hören Sie zuerst.

1. ● Hier liegt ein Handy. Ist das deins?
2. ● Ist das Olgas Tasche?
3. ● Ist das euer Plakat?
4. ● Kannst du mir mal dein Handy leihen?
5. ● Wem gehört der Kuli?
6. ● Kasimir, ich habe einen Kuli gefunden.
7. ● Gehört das Buch hier dir?
8. ● Ich habe zwei Karten für ein Jazzkonzert.

a) ○ Willst du mir e… verkaufen?
b) ○ Ich hab zurzeit k… Ich habe m… verloren.
c) ○ Oh wirklich? Vielleicht ist das m…
d) ○ Nein, das ist nicht m… Das gehört Yong-Min.
e) ○ Ja, das ist i…
f) ○ Frag mal Kasimir. Ich glaube, das ist s…
g) ○ Nein, u… hängt doch an der Wand.
h) ○ Ja, das ist m…

● Hier liegt ein Handy. Ist das deins?
○ Nein, das ist nicht meins …

86 *sechsundachtzig*

20

7 Ein Kunstkurs

7.1 Welche Wörter passen hier? Kreuzen Sie an: a, b oder c.

Sueli Negrelli

Malen für Anfänger
6 Samstage
von **9 bis 12 Uhr**

Anmeldung unter
info@negrelli.de

Ich interessiere mich für Kunst, aber ich kann nicht malen. Dann habe ich eine Anzeige in der Zeitung gelesen. Ich wusste sofort: Da melde ich ① an.
Am Samstagmorgen ② ich mich geduscht und rasiert und dann ③ ich zum Kurs gegangen.
Wir waren zehn Teilnehmer. Wir haben ④ vorgestellt und dann hat der Kurs angefangen. Wir sollten immer zu zweit arbeiten. Ich habe mit Karin gearbeitet. Wir haben uns gut unterhalten und sehr amüsiert. Leider hat sie ⑤ nach dem Kurs mit Carsten verabredet. Zuerst habe ich ⑥ geärgert.

Dann hat am Sonntag Jessica angerufen. Wir haben uns um 12 Uhr im Park ⑦ und sind spazieren gegangen. Dann ⑧ wir in eine Ausstellung in der Kunsthalle gegangen. Danach hat Jessica gefragt: „Interessierst du ⑨ auch für Jazz? Ich habe zwei Karten für Dienstagabend." Ich habe mich nie für Jazz interessiert, aber seit Sonntag bin ich Jazz-Fan und freue mich auf das Konzert ⑩ Dienstag.

1. [a] (mich)   [b] dich   [c] euch
2. [a] bin   [b] (habe) [c] hast
3. [a] ist   [b] sind   [c] (bin)
4. [a] sich   [b] dich   [c] (uns)
5. [a] mich   [b] (sich) [c] euch

6. [a] (mich)   [b] sich   [c] dich
7. [a] treffen [b] trifft [c] (getroffen)
8. [a] (sind)   [b] haben [c] seid
9. [a] uns   [b] (dich) [c] mich
10. [a] (am)   [b] um   [c] in

7.2 Reflexivpronomen – Ergänzen Sie 1–8.

1. ● Wir kommen am Sonntag zu euch. ○ Da freuen wir __uns__ aber sehr. Kommt ihr zum Kaffee?
2. ● Bitte zieh __dich__ fürs Theater gut an. ○ Ich ziehe __mich__ immer schick an.
3. Dieses Wochenende fahre ich zu meinen Großeltern. Oma ist gestürzt und hat __sich__ verletzt.
4. Bitte ruf deine Schwester an. Sie will __sich__ mit dir treffen.
5. Gestern war ich mit Jessica im Jazzkonzert. Es war toll. Wir haben __uns__ sehr gut unterhalten.
6. ● Seit wann kennt ihr __euch__? ○ Wir kennen __uns__ seit dem Malkurs im letzten Juni.
7. ● Haben Sie __sich__ für den Kurs angemeldet? ○ Nein, ich möchte __mich__ jetzt anmelden.
8. ● Mein Sohn hat morgen Geburtstag. Er freut __sich__ schon seit vier Wochen.

siebenundachtzig **87**

8 Kontakte

8.1 Sie hören drei Gespräche. Zu jedem Gespräch lösen Sie zwei Aufgaben. Kreuzen Sie die richtige Antwort an.

1. Frau Werns und Herr Bold gehen zusammen ins Kino.
   ☐ Richtig   ☐ Falsch

2. Die Veranstaltung …
   ⓐ beginnt um 20 Uhr.
   ⓑ kostet 15 Euro.
   ⓒ ist am Freitag.

3. Tian braucht einen Rat.
   ☐ Richtig   ☐ Falsch

4. Sabaheta sagt, er soll …
   ⓐ mehr Deutsch lernen.
   ⓑ in einen Verein gehen.
   ⓒ mehr reisen.

5. Frau Tim spricht mit der Lehrerin von ihrer Tochter.
   ☐ Richtig   ☐ Falsch

6. Die Tochter …
   ⓐ macht einen Ausflug.
   ⓑ ist noch krank.
   ⓒ möchte in eine andere Klasse.

8.2 *Können* im Konjunktiv II – Schreiben Sie freundliche/höfliche Vorschläge.

1. du / einladen / deine Kollegen / mal wieder / .   *Du könntest* _____
2. wir / tanzen gehen / am Samstag / .   _____
3. ihr / zu uns / am Samstag / kommen / .   _____
4. er / machen / einen Volkshochschulkurs / .   _____
5. sie / gehen / in einen Sportverein / .   _____
6. du / mich / besuchen / morgen / .   _____

8.3 Informationen finden – Sehen Sie sich die Aufgaben a–h an und finden Sie die passenden Hinweise im „Verdener Tageskalender". Es gibt manchmal mehrere Möglichkeiten.

> Die „Reiterstadt Verden" ist über 1200 Jahre alt. Sie liegt in Norddeutschland, südöstlich von Bremen, in der „Lüneburger Heide". Die Stadt ist vor allem bei Pferdefreunden weltweit bekannt. Neben der Pferdezucht lebt die Stadt heute vom Tourismus. Jedes Jahr kommen tausende von Urlaubern. Berühmt sind vor allem das Pferdemuseum und das Historische Museum.

a) _____ Sie schwimmen gern.

b) _____ Ein Freund von Ihnen hat Probleme mit dem Alkohol.

c) _____ Ihr Sohn (8 Jahre) langweilt sich.

d) _____ Sie lesen gern.

e) _____ Sie haben Probleme mit Ihrem Vermieter.

f) _____ Sie lieben Pferde und sind deshalb nach Verden gefahren.

g) _____ Sie sind gerade in Verden angekommen und möchten wissen: Was kann man hier machen?

h) _____ Es ist 22 Uhr und Sie haben plötzlich starke Kopfschmerzen bekommen.

20

Verdener Tageskalender

(1) **Ärztlicher Notdienst:** ab 13 Uhr: Dr. Gehre, Bahnhofstr. 21, Verden, Tel. 01 72 / 4 21 91 42.
(2) **Apotheken-Notdienst:** Hirsch-Apotheke, Am Holzmarkt 4, Verden, Tel. 0 42 31 / 26 80.
(3) **Notruf:** Polizei: 110, Feuerwehr: 112, Krankenhaus: 10 30, Rettungsdienst, Frauennotruf: 0 42 31 / 96 19 70.
(4) **Pferdemuseum:** 10 bis 17 Uhr geöffnet.
(5) **Städtisches Krankenhaus:** 14.30 bis 15.30 Uhr Besuchszeit; 18 bis 19 Uhr nur für Väter von Säuglingen; 14.30 bis 15 Uhr für Kinder von Patienten in Begleitung eines Erwachsenen.
(6) **Stadtverwaltung Verden:** 9 bis 12.30 Uhr Sprechzeit.
(7) **Stadtbücherei:** Holzmarkt 7, 10–12 Uhr und 15–18 Uhr geöffnet.
(8) **Touristeninformation:** Holzmarkt 15, 8.30 bis 18 Uhr geöffnet.
(9) **Arbeitsamt:** Tel. 0 42 31 / 80 90.
(10) **Jugendzentrum „Dampfmühle",** Lindhooper Straße 1: 15 Uhr Tischtennis, Kicker, 18–20 Uhr Infoladen Kontra, 19–23 Uhr Musikcafé 1.
(11) **Tierheim des Tierschutzes in Verden:** Aufnahme von Fund- und Pensionstieren, Waller Heerstr. 11, Tel. 0 42 30 / 94 20 20.
(12) **Deutscher Mieterbund:** 16 bis 17 Uhr Beratung in der Verbraucherzentrale, Piepenbrink 1.
(13) **Jungen-Treff „Small Brothers"** (bis 9 Jahre) im Jugendzentrum: 10–12 Uhr; 14.30–17 Uhr: Projektgruppe für Mädchen (bis 10 Jahre) in der Nikolaischule.
(14) **Anonyme Alkoholiker:** 19.30 Uhr Treffen im Stadtkirchenzentrum.
(15) **Deutscher Gewerkschaftsbund,** Marienstr. 3: Sprechzeit 8 bis 12.30 Uhr oder nach Vereinbarung.
(16) **Frauenberatungsstelle Verden:** Grüne Str. 31, Telefon 0 42 31 / 8 51 20.
(17) **Verwell Erlebnisbad:** Freibad: 6.30–20 Uhr; Hallenbad: 10–20 Uhr; Sauna: 10–21 Uhr geöffnet.
(18) **Lichtspiele Verden Cine City:** 16 Uhr: *2012 / Spirit – der wilde Mustang*; 16 + 20.15 Uhr: *Der Turm*; 16, 17 + 20 Uhr: *Ice Age 5*; 20 Uhr: *Invictus*; 20.15 Uhr: *Seitensprünge in N.Y.*

Schwierige Wörter

① **Hören Sie und sprechen Sie langsam nach. Wiederholen Sie die Übung.**

◉ 4.10

Volkshochschule.↘	an der Volkshochschule.↘	Ich mache Kurse an der Volkshochschule.↘
Freitagnachmittag?↗	am Freitagnachmittag?↗	Treffen wir uns am Freitagnachmittag?↗
Mitgliedsbeitrag?↗	der Mitgliedsbeitrag?↗	Wie hoch ist der Mitgliedsbeitrag?↗

② **Welche Wörter sind für Sie schwierig? Schreiben Sie drei Lernkarten und üben Sie mit einem Partner / einer Partnerin.**

21 Arbeitssuche

1 Arbeitssuche

1.1 Wiederholung: Thema „Arbeit" – Ein Kreuzworträtsel

Waagerecht: 1 Ich muss heute mehr arbeiten. Ich muss … machen. (Pl.) **2** Das Gehalt mit Steuer usw. **3** Er sagt mir, was ich tun muss. **4** Auf der Bank oder beim Amt muss man das oft ausfüllen. **5** Ich suche eine neue … Deshalb schaue ich mir jeden Tag die Anzeigen an. **6** Ich … 1500 Euro im Monat. (Infinitiv) **7** ● Musst du am … arbeiten? ○ Nein, da hab ich frei. **8** Ich arbeite bei der … Höhne. Das ist eine Möbelspedition. **9** Die weibliche Form von Nr. 3. **10** Die normale … ist 35 Stunden pro Woche. **11** Ich mache ein Praktikum bei einer Bank. Das ist eine gute … für mich. Vielleicht bekomme ich einen Ausbildungsplatz. **12** ● Ich möchte Frau Barz sprechen. ○ Einen Moment, ich … Sie. (Infinitiv) **13** Herr Sommer ist mein … aus der Buchhaltung. **14** Mein Arbeitstag beginnt um 8 Uhr und … um 18 Uhr … (Infinitiv)

Senkrecht: Ich habe eine interessante … in der Zeitung gelesen. Ich will mich bewerben.

1.2 Zwei Dialoge – Ordnen Sie die Dialogteile. Hören Sie zur Kontrolle. Probleme? Hören Sie zuerst und ordnen Sie dann.

Dialog 1
● [1] Hallo Paul, komm rein.
● [ ] Ja, morgen muss ich meine Bewerbungsunterlagen abgeben. Ich schreibe gerade meinen Lebenslauf.
● [ ] Nein, ich habe im Internet eine interessante Anzeige gefunden, habe angerufen und soll sofort meine Bewerbungsunterlagen schicken, weil nächste Woche schon Gespräche sind.
○ [ ] Warst du bei der Agentur für Arbeit?
○ [ ] Tag, Eva! Sitzt du schon wieder am Computer?

90 *neunzig*

Dialog 2
- ☐ Das hört sich gut an. Können Sie morgen gegen 18 Uhr vorbeikommen?
- ☐ Ja, die Stelle ist noch frei. Wir brauchen für drei Monate eine Aushilfe. Haben Sie schon einmal in dem Bereich gearbeitet?
- ☐ [1] Kruse.
- ☐ Olszowski. Guten Tag, Herr Kruse. Ich habe in der Zeitung Ihre Anzeige gelesen und bin an der Arbeit als Nachtportier interessiert.
- ☐ Kein Problem. Ich bin um sechs Uhr da.
- ☐ Nein, aber ich habe schon häufig Nachtschicht gemacht und an der Rezeption im Krankenhaus geholfen.

1.3 Jobs: wo, wann, was? – Ergänzen Sie Präpositionen und Artikel.

1. Ich habe drei Jahre __in__ __einer__ Fabrik gearbeitet und danach ein paar Monate __in__ __einem__ Supermarkt __an__ __der__ Kasse.
2. __Auf__ __dem__ Bau arbeiten ist im Sommer schön, aber nicht im Winter.
3. Vor zwei Jahren habe ich mal __in__ __der__ Küche gearbeitet, __in__ __einem__ Restaurant. Das war hart.
4. Drina arbeitet zurzeit als Putzhilfe __in__ __einer__ Bar.
5. Ich habe jetzt einen Job __in__ __einem__ Büro als Sekretärin.
6. Samstags arbeite ich __in__ __einer__ Metzgerei __in__ __einer__ Stadt und sonntags __in__ __einer__ Tankstelle __bei__ __einer__ Autobahn.

in einer • in einer • in der • in der • in einem • an der • an der • auf dem • in einem • in einem • in einem • bei einer

1.4 Nomen und Verben – Was passt zusammen? Ordnen Sie zu.

1. Zeitungen — austragen, lesen
2. die Anzeige — lesen
3. eine Bewerbung — _____
4. als Kellner — _____
5. eine Stelle — _____
6. zur Arbeitsagentur — _____
7. auf dem Bau — _____

suchen arbeiten
finden ~~lesen~~
kaufen verteilen
gehen
~~austragen~~
jobben
schreiben

2 Bei der Arbeitsagentur
Schreiben Sie Sätze.

1. eine / Arbeitsstelle / ich / neue / suche / .
Ich suche eine neue Arbeitsstelle.

2. arbeiten / möchte / ich / ganztags / gerne / .
___

3. eine / ich / Teilzeitstelle / habe / zurzeit / und / netto 650 Euro / verdiene / .
___

4. arbeiten / bei der Firma / wie lange / Sie / ?
___

5. ich / gefunden / eine Stellenanzeige / und / beworben / mich / habe / .
___

6. gelesen / Sie / in der Zeitung / haben / die Stellenanzeigen / ?
___

7. eine Webseite / haben / viele Firmen / mit einer Jobbörse / .
___

8. bei der Firma / müssen / Sie / und / sich / bewerben / selbst aktiv werden / .
___

3 Ein Telefongespräch

○ 4.12 **3.1** Lesen Sie die Anzeigen und hören Sie das Gespräch. Für welche Stelle interessiert sich Herr Pasch?

1 Hotel Ambassador sucht für den Monat August eine Urlaubsvertretung. Sie sprechen Englisch und haben ein freundliches Auftreten? Dann rufen Sie uns an! Gute Bezahlung! Tel. 04 21/33 02 21

3 Küchenhilfe gesucht! Spülen, putzen, abräumen – gut Deutsch sprechende Küchenhilfe ab 20 Jahren gesucht. Zimmer kann besorgt werden. Vollzeitbeschäftigung in Festanstellung. Gasthaus „Zur Einkehr", Tel. 05 35/93 54

2 XXXLatz stellt ein Fachverkäufer/in für unsere Küchenabteilung. Berufserfahrung im Bereich Möbelhandel sind von Vorteil. Unsere Arbeitsbedingungen werden Ihnen gefallen. Interesse? Schicken Sie Ihre Unterlagen an info@xxxl.com

4 Möbelspedition sucht Beifahrer! Sie haben eine handwerkliche Ausbildung? Sie sind gerne im Außendienst tätig? Sie suchen eine gut bezahlte Festanstellung und ein freundliches Betriebsklima? Dann rufen Sie uns an! Tel. 079/744522

3.2 Hören Sie das Gespräch noch einmal und kreuzen Sie an.

       R F

1. Herr Pasch braucht einen Lkw-Führerschein. ☐ ☐
2. Für die Stelle braucht man eine Ausbildung als Schreiner. ☐ ☐
3. Die Arbeit im Baumarkt ist für Herrn Pasch ein Vorteil. ☐ ☐
4. Die Stelle ist noch frei. ☐ ☐
5. Nach der Bewerbung wird Herr Pasch fest angestellt. ☐ ☐

92   zweiundneunzig

21

3.3 Bewerbungsbrief – Ordnen Sie die Textelemente.

① ☐ Mit freundlichen Grüßen
Nina Placzek

② ☐ Anlagen
Lebenslauf mit Lichtbild
Fotokopie des letzten Schulzeugnisses
Kopie einer Praktikumsbescheinigung

③ ☐ Dadurch ist mein Interesse an diesem Beruf noch größer geworden. Vor dem Praktikum habe ich mich schon bei der Berufsberatung und im Berufsinformationszentrum über die Ausbildung zur Industriekauffrau informiert.

④ ☐ Sehr geehrte Damen und Herren,

mit großem Interesse habe ich Ihre Anzeige im „Mannheimer Morgen" gelesen und bewerbe mich um einen Ausbildungsplatz zur Industriekauffrau.
Schon in meiner Heimat habe ich eine Ausbildung zur Buchhalterin begonnen, die ich dann wegen meiner Ausreise unterbrechen musste. Bei einem Praktikum bei der Firma Totex in Freinsheim in diesem April habe ich bereits einiges über die Aufgaben von Industriekaufleuten in Deutschland erfahren.

⑤ *a*

Nina Placzek   19.11.2011
68542 Heddesheim
Heinrich-Böll-Straße 73
Tel. 06303 4269

Rath Metallbau GmbH
– Personalabteilung –
Carl-Benz-Straße 18
68155 Mannheim

⑥ ☐ Zurzeit besuche ich die Abendakademie in Mannheim und schließe dort in vier Wochen meinen Deutschkurs ab. Zusätzlich mache ich seit einigen Wochen einen PC-Kurs. Über Ihre Einladung zu einem Vorstellungsgespräch würde ich mich sehr freuen.

⑦ ☐ Bewerbung um einen Ausbildungsplatz zur Industriekauffrau

3.4 Schreiben Sie einen Brief.

Sie haben diese Anzeige gelesen und sind an der Stelle interessiert. Schreiben Sie an den Arbeitgeber einen Brief.
– Grund für das Schreiben
– Wer Sie sind
– Deutschkenntnisse
– Berufserfahrung

Kellner/in

für Restaurant gesucht.
2–3x wöchentlich
von 11–15 Uhr.
Bewerbungen an Frau Huber
unter **Chiffre 2846**

4 Arbeitsplätze

4.1 Ergänzen Sie die Endungen in der Tabelle.

	Maskulinum **der** Job/Chef/Lohn	Neutrum **das** Büro/Gehalt	Femininum **die** Technik/Arbeit	Plural **die** Kollegen/Löhne
N	**der** sicher___ Job	**das** hell___ Büro	**die** modern___ Technik	**die** jung___ Kollegen
A	**den** jung___ Chef	**das** modern **e** Büro	**die** leicht___ Arbeit	**die** neu___ Kollegen
D	**dem** schlech___ Lohn	**dem** gut___ Gehalt	**der** schwer___ Arbeit	**den** gut**en** Löhne**n**

4.2 Ergänzen Sie die Adjektivendungen.

1. ● Schau mal, Erwin, das ist der alt**en** Chef. Und hier, das war damals die modern**e** Technik!
2. ○ Kannst du dir das vorstellen? Die groß**e** Lagerhalle und immer das schlecht**es** Licht?
3. ● Mit 30 hatte ich deshalb eine Brille und meine Mutter hat gesagt: „Die schlecht**en** Augen hast du von mir!" So ein Blödsinn!
4. ○ Erinnerst du dich an das eng**es** Büro mit dem klein**en** Tisch? Da haben wir Pause gemacht.
5. ● Schau mal, der Manfred! Die hart**e** Arbeit mit den schwer**en** Maschinen hat ihn krank gemacht.
6. ○ Und hier, das ist das hübsch**e** Fräulein Bergmann. Annemarie! Erinnerst du dich?
7. ● Natürlich! Jeden Morgen habe ich mich auf das wunderbar**es** Lächeln gefreut.
8. ○ Ich auch. Erinnerst du dich auch and das gelb**es** Kleid mit den bunt**en** Blumen?
9. ● Du meinst, das hellblau**es** Kleid mit den gelb**en** Rosen? Herrlich!
10. ○ Und hier siehst du Hilla. Die kurz**e**, schwarz**e** Haare stehen ihr gut, nicht wahr?
11. ● Aber auch die weiß**e** Haare sind schön. Sie sieht noch immer toll aus. Wo ist sie eigentlich?
12. ○ Sie holt die klein**e** Enkel ab und kommt dann zurück. Heute ist Großelterntag!

5 Berufsbiografien

5.1 Aussprache wiederholen – Texte lesen. ◉ 4.13

1. Hören Sie und markieren Sie die Pausen: kleine Pause (/) oder große Pause (//).

Ich habe mich / vor einem halben Jahr / um eine neue Stelle beworben / und hatte Glück! // Ich bin jetzt fast 30 und war schon lange unzufrieden in meinem Job. Eine kleine Firma, ein kleines Büro, ein relativ schlechtes Gehalt und praktisch keine Karrieremöglichkeit. Dann war ich bei der Agentur für Arbeit.

2. Hören Sie noch einmal und sprechen Sie dann. Sprechen Sie langsam. Achten Sie auf Akzent und Pause.

94 vierundneunzig

21

5.2 Schreiben Sie eine Berufsbiografie. Schreiben Sie mindestens einen Satz zu jedem Punkt.

– Schulabschluss/Ausbildung
– Haben Sie Berufserfahrungen? (Praktikum, Aushilfe)
– Wie sind Ihre Deutschkenntnisse?
– Was gefällt Ihnen an Ihrer Tätigkeit?
– Welche Interessen/Hobbys haben Sie?
– Was möchten Sie in Zukunft machen?

6 Etwas genauer sagen – Relativsätze

6.1 Ergänzen Sie die Relativpronomen.

1. Der Hausmeister, _den_ die Firma eingestellt hat, ist schon Rentner.
2. Die Firma, _die_ jetzt Pleite gemacht hat, war erst drei Jahre alt.
3. Ich habe jetzt einen Job, _den_ ich sehr mag.
4. Das ist die Frau aus unserem Kegelclub, _die_ bei Siemens arbeitet.
5. Ich suche den Herrn, _die_ für die Bewerbungen zuständig ist.

6.2 Relativsätze – Verbinden Sie die Sätze.

1. Ich möchte einen Beruf.   Der Beruf ist interessant.
2. Schreiner ist ein kreativer Beruf.   Der Beruf kann viel Spaß machen.
3. „job.de" ist eine Homepage.   Die Homepage bietet neue Arbeitsstellen an.
4. Herr Kunert ist ein Abteilungsleiter.   Ich finde Herrn Kunert sehr kompetent.
5. Ich habe einen neuen Kollegen.   Ich finde den neuen Kollegen sehr nett.
6. Olga hat einen neuen Freund.   Ich kenne ihn schon seit zwei Jahren.

> *1. Ich möchte einen Beruf, der interessant ist.*

7 Aussprache: Rhythmus

7.1 Klopfen/Klatschen Sie zuerst den Rhythmus, hören Sie dann und sprechen Sie nach. (4.14)

Beruf und Wunsch	Berufswunsch	einen Berufswunsch haben
• • ●	• • ●	• • • ● •
Gehalt und Erhöhung	Gehaltserhöhung	eine Gehaltserhöhung fordern
• • • • ● •	• • ● •	• • • • ● • • •

7.2 Hören Sie und markieren Sie wie in 7.1. Sprechen Sie dann. (4.15)

Aushilfe und Arbeit	Aushilfsarbeit	eine Aushilfsarbeit machen
• • • • ● •		
Bewerbung und Unterlagen	Bewerbungsunterlagen	die Bewerbungsunterlagen abschicken

Effektiv lernen

Auf dem Weg zur Prüfung – 6 Tipps

1. Was, wo, wann …?	Wissen Sie, wie die Prüfung abläuft? Fragen Sie nach.
2. Analyse	Sehen Sie sich die Prüfungsaufgaben an. Überlegen Sie: Was kann ich? Was muss ich noch üben? Wiederholen Sie dazu auch die Aufgaben im „Testtraining".
3. Training	Überlegen Sie: Wie kann ich die problematischen Bereiche bearbeiten?
4. Übungen finden	Suchen Sie passende Übungen im Lehrbuch, Arbeitsbuch, Intensivtrainer, Internet … Ihr Lehrer / Ihre Lehrerin kann Ihnen helfen.
5. Lernplan	Wie viel Zeit haben Sie noch? Teilen Sie Ihre Zeit bis zur Prüfung ein. Arbeiten Sie regelmäßig.
6. Partner/innen	Arbeiten Sie mit anderen zusammen.

fünfundneunzig 95

Testtraining 7

Hören – Alltagsgespräch

> **Tipps zum Prüfungsteil Hören: Alltagsgespräch**
>
> **Vor dem Hören**
> Lesen Sie zuerst die Aufgaben genau.
> Überlegen Sie: Wie ist die Situation? Welche Wörter können vorkommen?
>
> **Beim ersten Hören**
> Notieren Sie mögliche Lösungen.
> Unsicher? Machen Sie ein Fragezeichen.
> Streichen Sie die Aufgaben durch, die sicher falsch sind.
>
> **Beim zweiten Hören**
> Konzentrieren Sie sich auf die Aufgaben mit Fragezeichen.
>
> **Nach dem Hören**
> Noch unsicher? Schreiben Sie auf jeden Fall etwas auf den Antwortbogen.
> Es gibt keine Minuspunkte für falsche Antworten.

🔊 4.16–17 Sie hören ein Gespräch.
Zu diesem Gespräch gibt es fünf Aufgaben.
Ordnen Sie zu und notieren Sie den Buchstaben.
Sie hören den Text **zweimal**.

Welche Informationen bekommen Sie über die Personen?

Beispiel

0 Herr Oti   Lösung: d

	0	**1**	**2**	**3**	**4**	**5**
Person	Herr Oti	Frau Braun	Familie Klein	Herr Klein	Frau Raffael	Familie Schulz
Lösung	d					

a … ist wenig zu Hause.
b … wohnt seit acht Jahren im Haus.
c … ist der neue Hausmeister.
d … ist neu im Haus.
e … hat kleine Kinder.
f … wohnt neben Herrn Oti.
g … ist über 80 Jahre alt.
h … wohnt im zweiten Stock.
i … ist die Hausmeisterin.

Maximale Punktzahl: 5 / Meine Punktzahl: _____

Start Deutsch 2

Lesen – Kleinanzeigen

> **Tipps zum Prüfungsteil Lesen: Kleinanzeigen**
> – Lesen Sie zuerst alle Aufgaben genau und dann von allen Anzeigen die Überschrift oder die erste Zeile und das Fettgedruckte.
> – Lesen Sie danach jede Aufgabe einzeln und suchen Sie die passende Anzeige.
> – Notieren Sie zuerst alle sicheren Lösungen. Schauen Sie dann noch mal die anderen Aufgaben an.
> – Schreiben Sie auf jeden Fall für alle Aufgaben Buchstaben auf den Antwortbogen.
>   Es gibt keine Minuspunkte für falsche Antworten.

Lesen Sie die Anzeigen a–h und die Aufgaben 1–5.
Welche Anzeige passt zu welcher Situation?
Für eine Aufgabe gibt es keine Lösung. Schreiben Sie hier den Buchstaben X.

Beispiel

0) Sie reisen gerne und haben in den nächsten Monaten viel Zeit.   Lösung: Anzeige b)

Situation	0	1	2	3	4	5
Anzeige	b					

1) Sie haben eine neue Wohnung, aber noch nichts für die Küche.
2) Sie suchen ein preiswertes Fahrrad.
3) Eine deutsche Freundin von Ihnen ist noch in der Ausbildung, sucht aber einen Job für ein paar Stunden pro Woche.
4) Ein Freund fährt gerne Auto und hat auch schon bei Speditionen gearbeitet.
5) Eine Freundin hat nachmittags Deutschunterricht und sucht für vormittags eine Arbeitsstelle.

a) Suche **Schreibtisch aus Holz** max. 70 Euro, und **Bett**, 90 cm x 2 m , max. 60 Euro. Tel. 06 29/90 32 15, bitte öfter probieren!

b) Lust auf **Südamerika**? Nach meinem Abschluss möchte ich 6 Monate mit dem Fahrrad durch Südamerika reisen. Wer hat Lust und Zeit (und Geld?) mitzukommen? Tel. 0 61 41/89 21 45, ab 17 Uhr.

c) **Fahrer für Kleintransporter** im Regionalverkehr gesucht. Schichtdienst. Teilzeit möglich. Gutes Grundgehalt und Sonderzahlungen. Quicktransport GmbH 0 72 11/67 80 12.

d) Wir sind ein junges Team in der Computerbranche und suchen eine **Telefonistin** mit guten Deutschkenntnissen für unser Sekretariat (auch stundenweise). Haben Sie noch Fragen? Rufen Sie uns an: 0 69/39 39 61.

e) Verkaufe Kühlschrank und Herd, beide voll funktionsfähig. Suche Fernseher und Videogerät. Auch Tausch möglich. Tel. 06 23/4 56 52 42.

f) Welche junge Frau hat Lust, sich um meinen zweijährigen Sohn zu kümmern? 4-mal pro Woche nachmittags von 13 bis 19 Uhr. Gute Bezahlung garantiert. Tel. 0 62 23/1 02 03 55 (ab 19 Uhr).

g) Verkaufe Wohnzimmerschrank (2,5 m x 45 cm), Eiche furniert und Couchtisch (1,8 m x 0,65 m) Eiche mit Marmorplatte. Guter Zustand. VHB 800 Euro. Tel. 0 62 03 81 66 35

h) Wir suchen eine **Putzhilfe** für unser Restaurant. Täglich 4 Stunden 7–11 Uhr. Eventuelle Übernahme anderer Tätigkeiten später möglich. Restaurant Zum Krokodil 06 21/25 67 89.

Maximale Punktzahl: 5 / Meine Punktzahl: _____

Testtraining 7

Schreiben – Kurze Mitteilung

Tipps für den Prüfungsteil Schreiben

Vor dem Schreiben
Überlegen Sie:
– Wie schreiben Sie: mit *du* + Vorname oder mit *Sie* + Nachname?
  Das muss im ganzen Text gleich sein!
– Trainieren Sie Anrede- und Grußformeln: Die kann man auswendig lernen – und sie bringen Punkte.

Beim Schreiben
– Lesen Sie die Aufgabe genau durch.
– Entscheiden Sie schnell: Welcher Punkt ist der schwerste für Sie? Lassen Sie diesen Punkt weg!
– Schreiben Sie bei den übrigen Punkten zu jedem Punkt ein bis zwei Sätze.
– Schreiben Sie kurze, einfache Sätze.
– Schreiben Sie sofort auf den Antwortbogen.

Nach dem Schreiben
Kontrollieren Sie am Ende Ihren Brief:
– Anrede- und Grußformeln korrekt?
– Zu drei Punkten etwas geschrieben?
– Grammatik: Verbposition? Endungen? Rechtschreibung?

Gisela ist eine deutsche Freundin von Ihnen. Sie bekommen eine Nachricht von ihr.
Sie schreibt, dass sie an einem chinesischen Kochkurs teilgenommen hat.
Sie kochen auch sehr gerne. Antworten Sie.

Hier finden Sie vier Punkte. Wählen Sie **drei** aus.
Schreiben Sie zu jedem Punkt ein bis zwei Sätze (circa 40 Wörter).
Vergessen Sie nicht den passenden Anfang und den Gruß am Schluss.

ein Rezept aus dem Kurs	ein typisches Essen aus Ihrem Land
Dauer des Kurses	zusammen kochen

TIPP In der Prüfung schreiben Sie diesen Teil auf den Antwortbogen.

Maximale Punktzahl: 10 / Meine Punktzahl: _____

7

Sprechen – Ein Problem lösen

> **Tipps für den Prüfungsteil Sprechen: Ein Problem lösen**
>
> 1. Sammeln Sie im Kurs: Welche Situationen können in diesem Prüfungsteil vorkommen? (Kino, Hobbys, Wochenendausflug, jemandem helfen …)
> 2. Arbeiten Sie in Gruppen: Sammeln Sie Fragen, Aussagen und Wortschatz zu den Situationen. (Uhrzeit, Datum, Tätigkeiten …)
> 3. Machen Sie Arbeitsblätter, z. B. Terminkalender.
> 4. Korrigieren Sie Ihre Ergebnisse im Kurs und verteilen Sie dann die korrigierten Arbeitsblätter an alle.
> 5. Üben Sie zu zweit zu Hause und in Gruppen im Kurs.
> 6. Überlegen Sie im Kurs:
>   – Was war gut und wo haben Sie Probleme?
>   – Wie können Sie sich helfen?
>   – Wer kann Ihnen helfen?

Sie möchten zusammen joggen. Finden Sie einen gemeinsamen Termin. Machen Sie Vorschläge.

Mo	Tag	
	Abend	Kino
Di	Tag	arbeiten
	Abend	mit Alberto Deutsch lernen
Mi	Tag	
	Abend	Deutschkurs
Do	Tag	arbeiten
	Abend	Deutschkurs
Fr	Tag	arbeiten
	Abend	Mama besuchen
Sa	Tag	arbeiten
	Abend	babysitten bei Hanna
So	Tag	
	Abend	Disco

Mo	Tag	arbeiten
	Abend	
Di	Tag	arbeiten
	Abend	VHS-Fotogruppe
Mi	Tag	
	Abend	Volleyball
Do	Tag	arbeiten
	Abend	Kino
Fr	Tag	arbeiten
	Abend	kochen mit Klaus
Sa	Tag	
	Abend	
So	Tag	Fußball
	Abend	

Maximale Punktzahl: 6 / Meine Punktzahl: _____

22 Alltag und Medien

1 Bilder und Wörter

1.1 Welches Wort passt? Ergänzen Sie.

Programme • Blog • Sendungen • mailen • (USB-)Stick • Fax • E-Mail • Mailbox • Anrufbeantworter • runterladen • Handy • zappe

1. Kannst du mir die Fotos auf den ___USB___ ziehen?
2. Ich habe kein ___Fax___ mehr. Kannst du mir den Brief ___mailen___?
3. Ich habe dir eine ___email___ geschickt, aber sie ist zurückgekommen.
4. Hier ist der Link zu dem Online-Portal. Du kannst dir den Artikel ___runterladen___.
5. Ich bin heute nicht zu Hause. Du kannst mir aber auf den ___handy___ sprechen.
6. Hast du schon den neuen ___Blog___ von Karin gelesen? Sehr interessant!
7. Ich bin heute unterwegs, aber du kannst mich immer auf dem ___Anrufbeantworter___ erreichen.
8. Wenn mein Handy aus ist, sprich mir bitte auf die ___mailbox___.
9. Die meisten ___ProgramSendungen___ im Fernsehen gefallen mir nicht.
10. Manchmal ___zappe___ ich auch nur durch die ___Programme___ und sehe keine Sendung zu Ende.

● 4.18 **1.2 Sie haben vier Nachrichten auf dem Anrufbeantworter. Hören Sie und machen Sie Notizen.**

	Wer?	Warum?
Nachricht 1		
Nachricht 2		
Nachricht 3		
Nachricht 4		

1.3 Was ist richtig? Kreuzen Sie an. Es gibt immer zwei Möglichkeiten.

1. Ich kann die SMS ...
   - [a] nicht lesen.
   - [b] nicht anschalten.
   - [c] nicht empfangen.

2. Kannst du mir den Anhang ...
   - [a] schicken?
   - [b] empfangen?
   - [c] runterladen?

3. Hast du meine Nachricht ...
   - [a] gesprochen?
   - [b] bekommen?
   - [c] abgehört?

4. Ich komme im Moment nicht ...
   - [a] ins Netz.
   - [b] in mein Handy.
   - [c] ins E-Mail-Programm.

5. Kannst du die Fotos auf den USB-Stick ...
   - [a] kopieren?
   - [b] ziehen?
   - [c] lesen?

6. Du kannst mich auf dem Handy ...
   - [a] eine Nachricht sprechen.
   - [b] erreichen.
   - [c] anrufen.

100 einhundert

1.4 Wiederholung wenn-Sätze – Schreiben Sie wie im Beispiel.

1. Mein Vater weckt mich morgens.
   Er macht meistens das Radio an.

   Wenn mein Vater mich morgens weckt, ...

2. Wir frühstücken. Wir hören Radio.

   Wenn wir frühstücken, hören wir Radio

3. Ich gehe in die Schule. Ich nehme mein Handy mit.

   Wenn ich in die Schule gehe, nehme ich mein Handy mit.

4. Ich habe die Hausaufgaben gemacht.
   Ich sehe fern oder spiele auf meinem Computer.

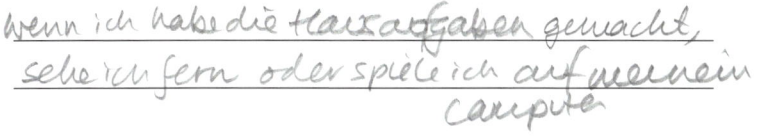

   Wenn ich habe die Hausaufgaben gemacht, sehe ich fern oder spiele ich auf meinem Computer

1.5 Wiederholung Perfekt – Schreiben Sie die Sätze im Perfekt.

1. Um sechs weckt mich mein Radiowecker mit Musik.
2. Dann frühstücke ich, lese Zeitung und höre Musik.
3. Danach packe ich meine Sachen und fahre mit der U-Bahn ins Büro.
4. Dort mache ich zuerst den Computer an und höre den Anrufbeantworter ab.
5. Ich sitze den ganzen Tag vor dem Computer.
6. Ich korrigiere Texte, beantworte Mails und recherchiere im Internet.
7. Nach der Arbeit treffe ich mich mit Freunden.
8. Vor dem Einschlafen lese ich ein paar Seiten in einem Kriminalroman.

1. Um sechs hat mich ...

1.6 Wiederholung: Artikel und Possessivartikel – Ergänzen Sie.

1. Morgens nach d*em* Aufstehen mache ich zuerst d*en* Fernseher an.

2. Dann gehe ich an mein*em* Computer und checke mein*e* E-Mails.

3. Auf d*em* Weg zu*r* Universität höre ich im Auto immer Radio.

4. Die aktuellen Nachrichten höre ich immer i*ns* Radio.

5. Nach d*em* Mittagessen in d*er* Cafeteria lese ich d*ie* Tageszeitung.

6. Abends habe ich eigentlich immer d*ie* Fernseher an.

7. Manchmal schaue ich mir ein*e* Sendung an, aber meistens läuft er nur so.

einhunderteins 101

2 Die Deutschen und die Medien
Ergänzen Sie den Text.

Laut Statistik hören die Deutschen über 3½ Stunden täglich Radio und haben fast genauso lange den Fernseher an. Das sind zusammen über sieben Stunden am Tag. Eine halbe Stunde lesen sie laut Statistik Zeitung, für ein Buch nehmen sich die Deutschen nur 25 Minuten Zeit und Zeitschriften lesen sie durchschnittlich nur 12 Minuten. Das Internet spielt im Vergleich zu Radio und Fernsehen auch keine große Rolle. 44 Minuten surfen die Deutschen täglich im Internet. Woher kommt dieser große Unterschied? Radio und Fernsehen kann man konsumieren und zur gleichen Zeit auch andere Tätigkeiten machen. Deshalb läuft bei vielen Leuten der Fernsehen oder das Radio auch bei den Mahlzeiten, im Auto, bei den Hausaufgaben oder bei der Hausarbeit.

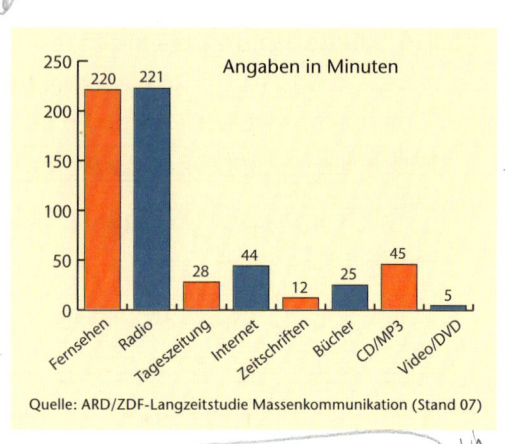

3 Statistik
Warum benutzen Sie was? Schreiben Sie Sätze wie im Beispiel.

Ich benutze das Internet, … Es macht mir Spaß.
Ich höre Radio, … Ich möchte mich informieren.
Ich sehe fern, … Ich bekomme neue Ideen.
Ich lese Zeitung, … Ich kann dann mitreden.
 Ich fühle mich dann nicht allein.
 Ich möchte den Alltag vergessen.
 Es ist eine Gewohnheit.
 Ich kann dann gut entspannen.

> Ich sehe fern, weil es mir Spaß macht.

4 Das neue Handy
Ergänzen Sie *dies…* und *welch…* .

Dialog 1

● Hast du diesen Artikel schon gelesen? Computer werden immer billiger!
○ Das finde ich gut. Diese Firmen haben genug Geld verdient.
● Und wie findest du den anderen Artikel?
○ Welchen meinst du?
● Na, diesen hier über Computerspiele.
○ Diesen Artikel finde ich gefährlich, weil er nur eine Seite zeigt.

Dialog 2

● Welchen Film wollen wir heute Abend sehen?
○ Kommt heute nicht diese Politiksendung?
● Welche? Meinst du diese Talkshow? Die kommt morgen um 21.30 Uhr.
○ Dann hätte ich Lust auf einen Krimi. Auf welchem Programm läuft denn einer?
● Also, im Ersten kommt ein „Tatort"-Krimi, aber du magst diese Kommissarin nicht.

102 einhundertzwei

22

5 Aussprache

4.19 5.1 Ordnen Sie die Fragen zu. Hören Sie zur Kontrolle.

Einen Liebesroman? • Wie alt ist sie? • Ein Sachbuch?

● Ich suche ein Buch für meine Tochter.
○ _____
● 14. Sie mag Pferde.
○ _____
● Ich weiß nicht. Vielleicht lieber einen Roman.
○ _____
● Ja, das ist sehr gut.

5.2 Markieren Sie den Satzakzent und sprechen Sie den Dialog.

6 Fernsehen, Radio und Computer im Unterricht
Lesen Sie die E-Mail. Was ist richtig? Kreuzen Sie an.

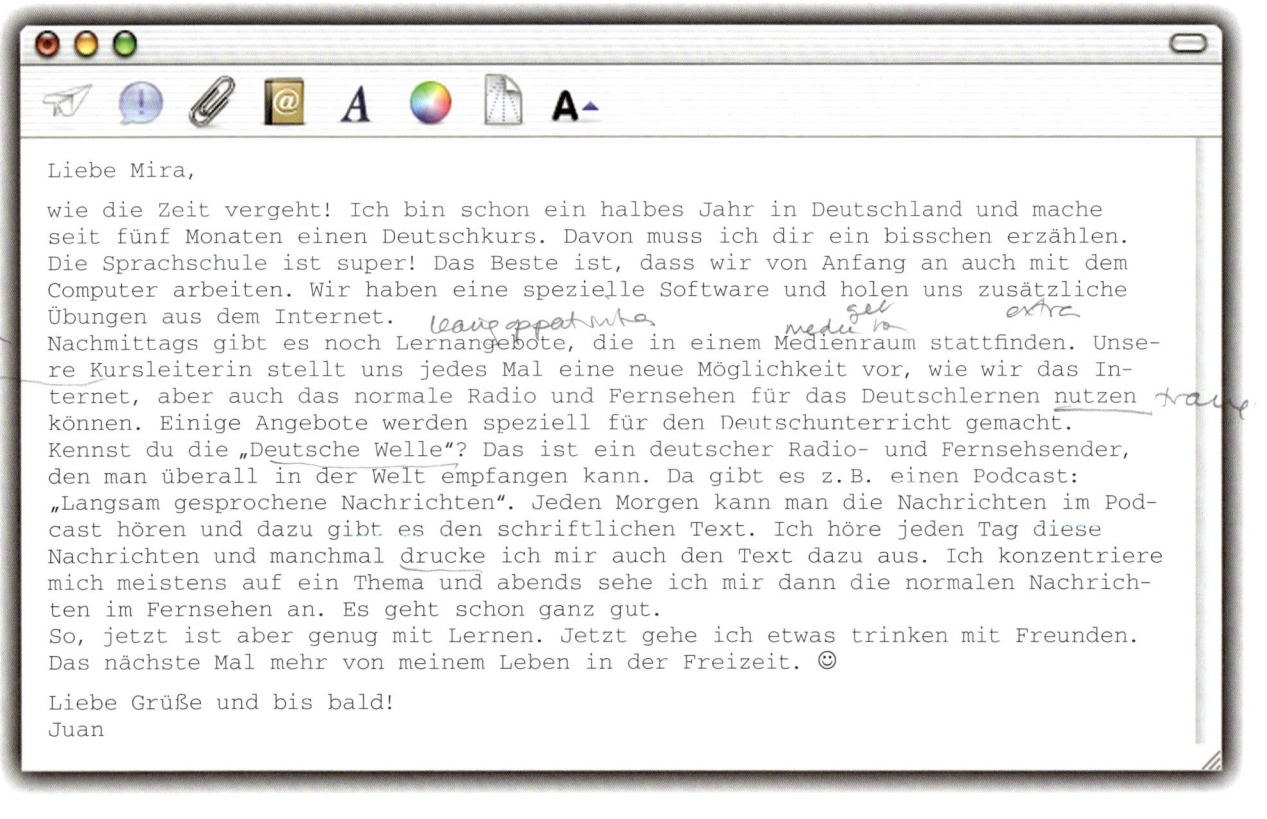

Liebe Mira,

wie die Zeit vergeht! Ich bin schon ein halbes Jahr in Deutschland und mache seit fünf Monaten einen Deutschkurs. Davon muss ich dir ein bisschen erzählen. Die Sprachschule ist super! Das Beste ist, dass wir von Anfang an auch mit dem Computer arbeiten. Wir haben eine spezielle Software und holen uns zusätzliche Übungen aus dem Internet. Nachmittags gibt es noch Lernangebote, die in einem Medienraum stattfinden. Unsere Kursleiterin stellt uns jedes Mal eine neue Möglichkeit vor, wie wir das Internet, aber auch das normale Radio und Fernsehen für das Deutschlernen nutzen können. Einige Angebote werden speziell für den Deutschunterricht gemacht. Kennst du die „Deutsche Welle"? Das ist ein deutscher Radio- und Fernsehsender, den man überall in der Welt empfangen kann. Da gibt es z.B. einen Podcast: „Langsam gesprochene Nachrichten". Jeden Morgen kann man die Nachrichten im Podcast hören und dazu gibt es den schriftlichen Text. Ich höre jeden Tag diese Nachrichten und manchmal drucke ich mir auch den Text dazu aus. Ich konzentriere mich meistens auf ein Thema und abends sehe ich mir dann die normalen Nachrichten im Fernsehen an. Es geht schon ganz gut.
So, jetzt ist aber genug mit Lernen. Jetzt gehe ich etwas trinken mit Freunden. Das nächste Mal mehr von meinem Leben in der Freizeit. ☺

Liebe Grüße und bis bald!
Juan

	R	F
1. Juan möchte im Unterricht nur mit dem Computer arbeiten.	☐	☒
2. Er macht die Hausaufgaben immer am Computer.	☒	☐
3. Die Sprachschule bietet auch nachmittags Kurse an.	☐	☒
4. Es gibt spezielle Podcasts für Deutschlerner.	☒	☐
5. „Langsam gesprochene Nachrichten" kann man überall im Radio hören.	☐	☒
6. Juan interessiert sich für aktuelle Nachrichten.	☒	☐

einhundertdrei 103

7 Nachrichten und Informationen

7.1 Einen offiziellen Brief schreiben – Ein Zeitungsabonnement kündigen.

Sie haben seit drei Jahren das Mindener Tageblatt abonniert und möchten die Zeitung abbestellen.

Schreiben Sie einen Brief an die Abonnementabteilung.
Adresse: Obermarkststr. 26–30, 32423 Minden

– Geben Sie Ihre Adresse und Abo-Nummer an.
– Sie möchten das Abo zum Jahresende kündigen.
– Sie möchten eine Bestätigung über die Kündigung.
– Vergessen Sie nicht das Datum, die Anrede, den Gruß und Ihre Unterschrift.

Mindener Tageblatt
UNABHÄNGIGE, ÜBERPARTEILICHE ZEITUNG

Absender

Adresse

Thema/Betreff

Datum

Anrede,
Text Text Text Text Text Text Text
Text Text Text Text Text Text Text
Text Text Text Text Text Text Text
Text Text Text Text Text Text Text
Text Text Text Text Text Text Text
Text Text Text Text Text

Gruß

Unterschrift

TIPP Kündigungen muss man immer schriftlich machen.

7.2 Ergänzen Sie die Sätze.

1. Am Samsta_ _ _ _ _ _ nehme i_ _ mir nic_ _ _ _ vor, de_ _ um se_ _ _ _ Uhr ko_ _ _ die Sportschau. Manchmal kom_ _ _ Freunde zu Bes_ _ _ _ und w_ _ schauen zusa_ _ _ _ die Spi_ _ _ an

2. Jeden Mor_ _ _ lese i_ _ Zeitung. D_ _ ist me_ _ _ _ Lektüre z_ _ Frühstück. I_ _ lese zue_ _ _ die Titelgeschichte. Die Nachr_ _ _ _ _ _ aus d_ _ Region si_ _ für mi_ _ sehr wic_ _ _ _ _. Ich mu_ _ wissen, w_ _ bei u_ _ passiert.

3. Meine wicht_ _ _ _ _ Informationsquelle i_ _ das Ha_ _ _ _. Ich ka_ _ telefonieren, E-Ma_ _ _ schreiben u_ _ empfangen u_ _ ich ka_ _ schnell Inform_ _ _ _ _ _ _ im Inte_ _ _ _ finden. D_ _ ist su_ _ _.

8 Pro und Contra

8.1 Meinungen und Reaktionen – Es passen immer zwei Reaktionen? Kreuzen Sie an.

1. Kino ist viel interessanter als Fernsehen.
   a Das finde ich auch.
   b Ich weiß nicht.
   c Das ist eine super Idee.

2. Computer machen die Kinder krank.
   a Das glaube ich auch.
   b Das ist richtig so.
   c Unsinn.

3. Kinder ab zwölf brauchen ein Handy.
   a Das ist viel zu teuer.
   b Früher war Telefonieren teurer.
   c Das müssen die Kinder entscheiden.

4. In Deutschland gibt es zu viele Regeln.
   a Warum?
   b Wann?
   c Wie meinst du das?

8.2 Kostenloser Internetanschluss für jeden Bürger? – Lesen Sie die Sätze a–f. Hören Sie die Aussagen. Welcher Satz passt zu welcher Aussage?

①  Manfred Kulbig, 56   ②  Margarete Lüttke, 35   ③  Sascha Hempel, 29

a) Ich brauche keine Zeitung.
b) Kinder und Jugendliche sitzen vor dem Computer, weil sie sich langweilen.
c) Viele Sachen kaufe ich über das Internet.
d) Für Kinder ist das Internet gefährlich.
e) In den Schulen gibt es heute Computerunterricht.
f) Ich habe kein Telefon zu Hause.

8.3 Was sagen/fragen Sie? Notieren Sie und vergleichen Sie im Kurs.

1. Sie möchten telefonieren, haben aber kein Handy.
2. Sie haben in einem Secondhand-Laden einen Fernseher gesehen. Der Verkäufer soll Sie informieren.
3. Jemand fragt Sie nach Ihren Lieblingssendungen im Fernsehen.
4. Es ist 23 Uhr. Ihr Nachbar hat die Musik sehr laut. Sie möchten schlafen.
5. Sie haben keinen Computer. Sie brauchen aber eine Information aus dem Internet.
6. Jemand fragt Sie, warum Sie ein Handy benutzen.

> 1. Können Sie mir sagen, wo ich hier telefonieren kann?
> Gibt es hier ein Telefon?

8.4 Einige Verben stehen falsch. Korrigieren Sie.

1. Also, ich eigentlich überhaupt keine Bücher lese und nur manchmal die Zeitung, aber nicht regelmäßig. *(lese)* 2. Ich aber höre schon immer sehr viel Radio. 3. Die neue Technik ideale Möglichkeiten bietet für mich. 4. Interessante Sendungen lade ich mir vom Internet runter und sie höre beim Frühstück oder im Auto. 5. Und viele Bücher es gibt ja auch als Hörbücher. 6. Jetzt kann ich auch mitreden, wenn meine Freunde sprechen über Bücher, die sie gerade lesen. 7. Nur ich viel schneller bin. 8. Wenn meine Freundin ein Buch hat gelesen, dann habe ich schon drei Bücher gehört.

Schwierige Wörter

① **Hören Sie und sprechen Sie langsam nach. Wiederholen Sie die Übung.**

zu<u>rück</u>rufen?↗   Sie zu<u>rück</u>rufen?↗   Kann ich Sie morgen zu<u>rück</u>rufen?↗
Ver<u>kehrs</u>meldungen?↗   die Ver<u>kehrs</u>meldungen?↗   Verstehst du die Ver<u>kehrs</u>meldungen?↗
Com<u>pu</u>terunterricht?↗   den Com<u>pu</u>terunterricht?↗   Findest du den Com<u>pu</u>terunterricht gut?↗

② **Schreiben Sie drei Lernkarten und üben Sie mit einem Partner / einer Partnerin.**

23 Die Politik und ich

1 Politikquiz

1.1 Wie viele Wörter finden Sie? Schreiben Sie sie mit den Artikeln auf.

bundes präsident wahl meister minister bürger
tag stadt land rats tags haupt rat kanzler
gemeinde regierung republik

der Bundesbürger, der Bundeskanzler

1.2 Ordnen Sie 1–10 und a–j zu.

1. Der höchste Repräsentant der Bundesrepublik
2. Die Bundesrepublik hat
3. Die Parteien, die nicht in der Regierung sind,
4. Die stärkste Partei
5. Oft bildet man
6. Seit dem 3. Oktober 1990
7. Von 1949 bis 1990 war
8. Wahlen zum Bundestag gibt es
9. Wenn man 18 Jahre alt und Deutsche/r ist,
10. Von 1961 bis 1989

a) _2_ 16 Bundesländer.
b) _10_ war Berlin durch eine Mauer geteilt.
c) _5_ eine Koalition aus zwei Parteien.
d) _9_ darf man wählen.
e) _7_ Deutschland in zwei Staaten geteilt.
f) _1_ ist der Bundespräsident.
g) _3_ bilden die Opposition.
h) _6_ gibt es wieder einen deutschen Staat.
i) _8_ alle vier Jahre.
j) _4_ bildet die Regierung.

1.3 Bei jedem zweiten Wort fehlt die Hälfte. Ergänzen Sie.

Deutschland ist ein Bundesstaat mit 16 Bundes**ländern**. Das deut**sches** Parlament he**ißt** Bundestag. Al**le** vier Ja**hre** wählen d**ie** Bürger u**nd** Bürgerinnen ih**re** Abgeordneten. Je**des** Bundesland h**at** ein eig**enes** Parlament. We**nn** man 18 Ja**hre** alt i**st** und ei**nen** deutschen Pa**ss** hat, da**rf** man wäh**len**. Meistens bild**en** zwei Part**eien** zusammen d**ie** Regierung, wei**l** eine all**ein** nicht d**ie** Mehrheit im Parl**ament** hat. D**ie** anderen Part**eien** bilden da**nn** die Oppos**ition**. Das Parl**ament** wählt d**en** Bundeskanzler od**er** die Bundesk**anzlerin** und di**ese**/r wählt da**nn** seine/ihre Mini**ster** und Minist**erinnen** aus.

Das Staatsoberhaupt ist der/die Bundespräsident/in. Er/Sie muss alle Gesetze unterschreiben, hat aber nur wenig politische Macht.

Schloss Bellevue in Berlin ist der Sitz des Bundespräsidenten.

2 Politische Parteien

2.1 Lesen Sie den Cartoon.

Der älteste Beruf der Welt

Ein Chirurg, ein Architekt und ein Politiker diskutieren: Was ist der älteste Beruf der Welt?

Der Chirurg sagt: „Gott hat Adam eine Rippe entnommen und daraus Eva gemacht. Das war die erste Operation. Also ist Chirurg der älteste Beruf."

Der Architekt sagt: „Bevor Gott Adam gemacht hat, hat er aus dem Chaos die Welt gemacht. Also ist der älteste Beruf der Welt der Architekt."

Da antwortet der Politiker: „Und wer, glaubt ihr, hat das Chaos geschaffen?!"

2.2 Wiederholung: Adjektivendungen – Ergänzen Sie die Endungen.

1. Politiker ist einer von den ältest__en__ Berufen der Welt.
2. Politiker ist ein Beruf, der in vielen Ländern einen schlecht__en__ Ruf hat.
3. Viele Leute glauben, dass Politiker das meist__es__ Geld verdienen, aber das stimmt so nicht.
4. Die wenigst__en__ Menschen wissen, was Politiker überhaupt machen.
5. Die Diskussionen im Bundestag sind nur ein klein__er__ Teil von ihrer Arbeit.
6. Ein gut__er__ Politiker oder eine gut__e__ Politikerin verbringt viel Zeit in Gesprächen mit seinen/ihren Wählern und Wählerinnen.
7. Gut__en__ Politiker kennen die Probleme von ihren Wählern und Wählerinnen.
8. Mit den deutsch__en__ Bundestagsabgeordneten kann man per E-Mail in Kontakt kommen.

www Internetadresse: www.bundestag.de/bundestag/abgeordnete17/index.jsp

3 Ich interessiere mich für …

3.1 Ergänzen Sie die Präpositionen.

an • auf • auf • für • für • gegen • mit • über • um

1. Ich achte __auf__ mein Aussehen.
2. Ich ärgere mich __über__ meinen Chef.
3. Ich denke oft __an__ meine Eltern.
4. Ich kümmere mich __für / um / für__ meine alte Nachbarin.
5. Ich freue mich __um__ die Ferien.
6. Ich diskutiere nie __mit__ meinem Vater, weil er immer gleich wütend wird.
7. Ich interessiere mich __auf / an__ Kommunalpolitik.
8. Ich kämpfe __gegen__ den Rassismus und die Intoleranz.
9. Ich engagiere mich __für__ meine Gemeinde.

TIPP Diese Verben immer mit Präpositionen und Kasus lernen.

3.2 Was passt zusammen? Ordnen Sie zu.

1. Mein Mann ärgert sich — a) meistens mehr auf ihre Gesundheit als Männer.
2. Frauen achten — b) für eine saubere Umwelt.
3. Viele Deutsche engagieren sich — c) für die Probleme in ihrer Stadt.
4. Zu wenige Menschen interessieren sich — d) um unsere Kinder.
5. Wir kümmern uns zu wenig — e) fast nie über etwas.

4 Aussprache: Freundlich oder entschieden sprechen

○ 4.22 **4.1 Hören Sie und markieren Sie die Sprechmelodie.**

1. a) Das <u>glau</u>be ich nicht. (↘) b) Wo hast du das <u>ge</u>lesen? ( )
2. a) <u>Stimmt</u> das? ( ) b) Wer hat das ge<u>sagt</u>? ( )
3. a) Wie findest du das <u>Schul</u>system? ( ) b) Das <u>weiß</u> ich nicht. ( )
4. a) Bitte <u>hilf</u> mir mal. ( ) b) Wie heißt das deutsche Parla<u>ment</u>? ( )
5. a) Seit wann ist die Berliner <u>Mauer</u> weg? ( ) b) <u>Weißt</u> du das? ( )

4.2 Sachlich/entschieden oder freundlich/entgegenkommend? Hören Sie noch einmal und ordnen Sie zu.

sachlich/entschieden: _1a,_____

freundlich/entgegenkommend: _____

4.3 Hören Sie noch einmal und sprechen Sie nach.

108 einhundertacht

5 Ich und die Politik – Stimmen zum Wahlrecht

5.1 Lesen Sie und schreiben Sie unten die passenden Namen zu den Aussagen.

Diese Meinungen haben wir im Internet gefunden. Die Namen haben wir geändert.

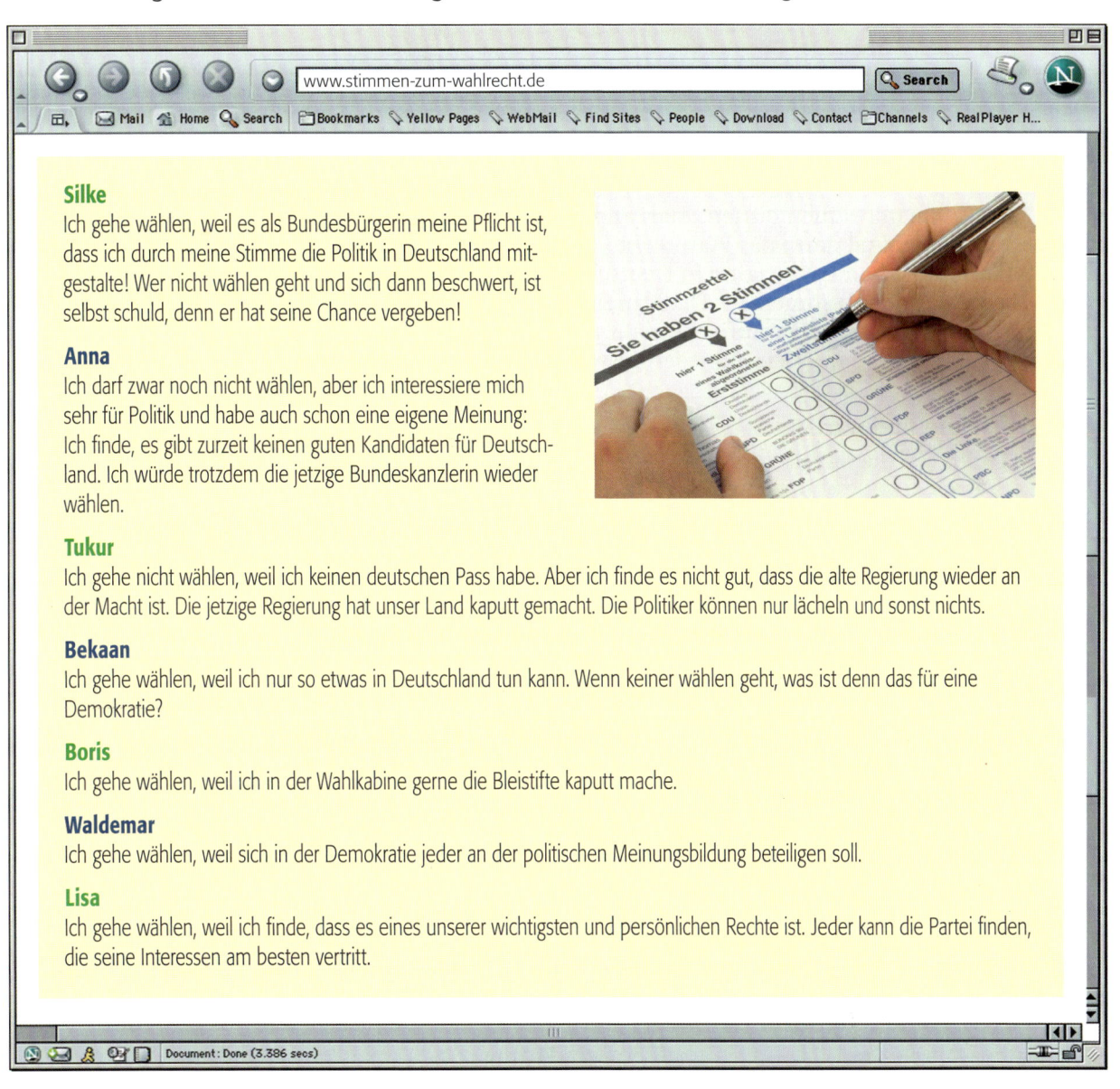

Silke
Ich gehe wählen, weil es als Bundesbürgerin meine Pflicht ist, dass ich durch meine Stimme die Politik in Deutschland mitgestalte! Wer nicht wählen geht und sich dann beschwert, ist selbst schuld, denn er hat seine Chance vergeben!

Anna
Ich darf zwar noch nicht wählen, aber ich interessiere mich sehr für Politik und habe auch schon eine eigene Meinung: Ich finde, es gibt zurzeit keinen guten Kandidaten für Deutschland. Ich würde trotzdem die jetzige Bundeskanzlerin wieder wählen.

Tukur
Ich gehe nicht wählen, weil ich keinen deutschen Pass habe. Aber ich finde es nicht gut, dass die alte Regierung wieder an der Macht ist. Die jetzige Regierung hat unser Land kaputt gemacht. Die Politiker können nur lächeln und sonst nichts.

Bekaan
Ich gehe wählen, weil ich nur so etwas in Deutschland tun kann. Wenn keiner wählen geht, was ist denn das für eine Demokratie?

Boris
Ich gehe wählen, weil ich in der Wahlkabine gerne die Bleistifte kaputt mache.

Waldemar
Ich gehe wählen, weil sich in der Demokratie jeder an der politischen Meinungsbildung beteiligen soll.

Lisa
Ich gehe wählen, weil ich finde, dass es eines unserer wichtigsten und persönlichen Rechte ist. Jeder kann die Partei finden, die seine Interessen am besten vertritt.

---

1. Er/Sie meint, dass eigentlich jeder wählen muss. _Silke, Waldemar, Lisa_
2. Er/Sie glaubt, dass jede/r eine Partei für sich finden kann. _____
3. Er/Sie ist noch zu jung. _____
4. Er/Sie hat keinen deutschen Pass. _____
5. Er/Sie betont, dass das Wahlrecht ein wichtiges Recht ist. _____
6. Er/Sie findet die momentane Regierung nicht gut. _____
7. Er/Sie sagt, dass es ohne Wähler keine richtige Demokratie gibt. _____.

5.2 Überlegen Sie: Welchen Argumenten stimmen Sie zu? Welche Argumente finden Sie interessant?

6 Wünsche und Meinungen

◉ 4.23 Sie hören Aussagen zu einem Thema. Lesen Sie zunächst die Sätze a–f. Sie haben dafür eine Minute Zeit. Entscheiden Sie dann beim Hören, welcher Satz zu welcher Aussage passt.

> **TIPP** Zwei Aussagen passen nicht.

Beispiel	1	2	3
_b_	___	___	___

a) Jeder sollte mitwählen dürfen. Alles andere ist Diskriminierung.
b) Erst der Pass und dann das Wahlrecht.
c) Man sollte schon einige Jahre in Deutschland leben und dann erst wählen dürfen.
d) Viele Ausländer kommen aus Diktaturen und wissen ja nicht, wie Wahlen funktionieren.
e) Der Pass sollte für das Wahlrecht nicht wichtig sein.
f) Bei Gemeinderatswahlen soll jeder mitwählen dürfen.

7 Ich wartete und wartete …

7.1 Lesen Sie die unregelmäßigen Verformen und notieren Sie die Infinitive.

wir kamen	er wartete	sie sagte	sie wussten	ich dachte	er ärgerte	sie rief an
kommen	_____	_____	_____	_____	_____	_____

> **TIPP** Schreiben Sie Lernkarten zu den unregelmäßigen Verbformen.

7.2 Eine Geschichte – Ergänzen Sie die Sätze mit den Präteritumformen der Verben.

anrufen	Seine Frau _____ ihn nicht _____.
ärgern	Er _____ sich, weil sie nicht nach Hause gekommen war.
bekommen	Um Mitternacht _____ er Angst. Was war los?
denken	Er _____ an einen Unfall.
gehen	Er _____ ins Bett, weil er müde war.
kommen	Um drei Uhr _____ sie nach Hause.
warten	Er _____ auf eine Erklärung.
sagen	Sie _____ nichts.
stellen	Sie _____ den Wecker auf sechs Uhr.
wissen	Jetzt _____ er Bescheid. Er packte seine Koffer.

Effektiv lernen

Lesestrategien – Das Wörterbuch zum Schluss

① **So können Sie arbeiten. Lesen Sie die Hinweise:**
1. Was ist das Thema? – Achten Sie auf die Überschrift, die Bilder und Grafiken.
2. Was weiß ich über das Thema? Was will ich wissen?
3. Den Text lesen: Was verstehe ich beim ersten Lesen?
4. Will ich mehr wissen?
5. Den Text noch einmal lesen und schwierige Wörter markieren:
   – Was könnten diese Wörter in diesem Text bedeuten?
   – Sind es Nomen, Verben, Konjunktionen oder Adjektive?
   – Kenne ich Wortteile oder ähnliche Wörter auf Deutsch / in meiner Sprache / in einer anderen Sprache?
6. Welche Wörter verstehe ich immer noch nicht? Welche sind vielleicht wichtig für das Textverstehen?
7. Benutzen Sie für diese Wörter das Wörterbuch.

② **Probieren Sie die Tipps an diesem Text aus.**

Internethandel boomt trotz Krise
Online-Umsätze steigen deutlich:

Die Deutschen geben dieses Jahr so viel Geld wie nie zuvor für Online-Shopping aus. Das sagt der Bundesverband für Versandhandel (bvh). Kleidung und Bücher sind die am meisten verkauften Produkte.

Nach Aussage des bvh wird der Online-Umsatz um 15 Prozent auf 15,4 Milliarden Euro steigen. Der Versandhandel wird erstmals mehr als 50 Prozent seiner Verkäufe im Internet machen. Insgesamt wird der Umsatz voraussichtlich um 1,7 Prozent auf 29,1 Milliarden Euro steigen. „Der Versandhandel bekommt starke Unterstützung aus dem Internet und kann deshalb im Gegensatz zum sonstigen Einzelhandel wachsen", sagte bvh-Präsidiumsmitglied Dieter Junghans.

Heute kaufen die Menschen in Deutschland so viel wie nie zuvor im Internet ein. Es gibt immer mehr Firmen in allen Bereichen, die eigene Online-Shops eröffnen und dadurch zusätzliche Umsätze machen. Insgesamt werden die Bundesbürger in diesem Jahr rund 21,8 Milliarden Euro für den Online-Kauf von Bekleidung, Büchern, Flugtickets oder Musikdateien ausgeben. […]

> **TIPP** Lesen heißt nicht übersetzen. Man muss nicht jedes Wort verstehen.

24 Bei uns und bei euch

1 Da stimmt etwas nicht.

1.1 Ergänzen Sie die Dialoge.

1
bin • tut • wird • gekommen • angefangen • dachten • gewusst

● Schön, dass Sie doch noch _____ sind.
  Wir _____ schon, es ist etwas passiert.
○ Aber nein. _____ ich denn zu spät?
● Na ja, wir dachten acht Uhr.
  Wir haben dann schon _____, weil das Essen
  sonst kalt _____.
○ Oh ja, Entschuldigung, das _____
  mir sehr leid. Das habe ich nicht _____.
● Schon gut.

2
Einladung • Abend • Dank • mich • es

● Guten _____. Schön, dass Sie gekommen sind.
○ Ja, ich freue _____ auch. Vielen _____
  für die _____. Ich habe Bo mitgebracht. Ich hoffe,
  _____ macht Ihnen nichts aus. Er bellt auch nicht.

1.2 Hier sind zwei Dialoge vermischt. Ordnen und schreiben Sie sie.

● Hi, Max, ich sitze gerade im Kino. Der Film ist voll gut. Was machst du noch heute Abend?
● Okinawa 3.
● Oh, ja, sorry, ist o. k.
● Ach, Manuel, schön, dass du anrufst. Ich habe ja so lange nichts mehr von dir gehört.
● Ja, mir geht's gut. Ich bin hier gerade mit ein paar Freundinnen aus der Arbeit beim Essen. Es ist sehr nett. …
● Nein, ist schon o. k. Du störst doch nie.
○ Was siehst du?
○ Ja, wie geht es dir denn?
○ Oh, da will ich aber nicht stören.
▲ Können Sie bitte still sein? Ich möchte den Film sehen!

Dialog 1: Hi, Max …   Dialog 2: Ach, Manuel …

112 *einhundertzwölf*

24

2 Schlechtes Benehmen

2.1 Lesen Sie den Text. Zu welchen Zeilen passen die Zeichnungen? Ordnen Sie zu.

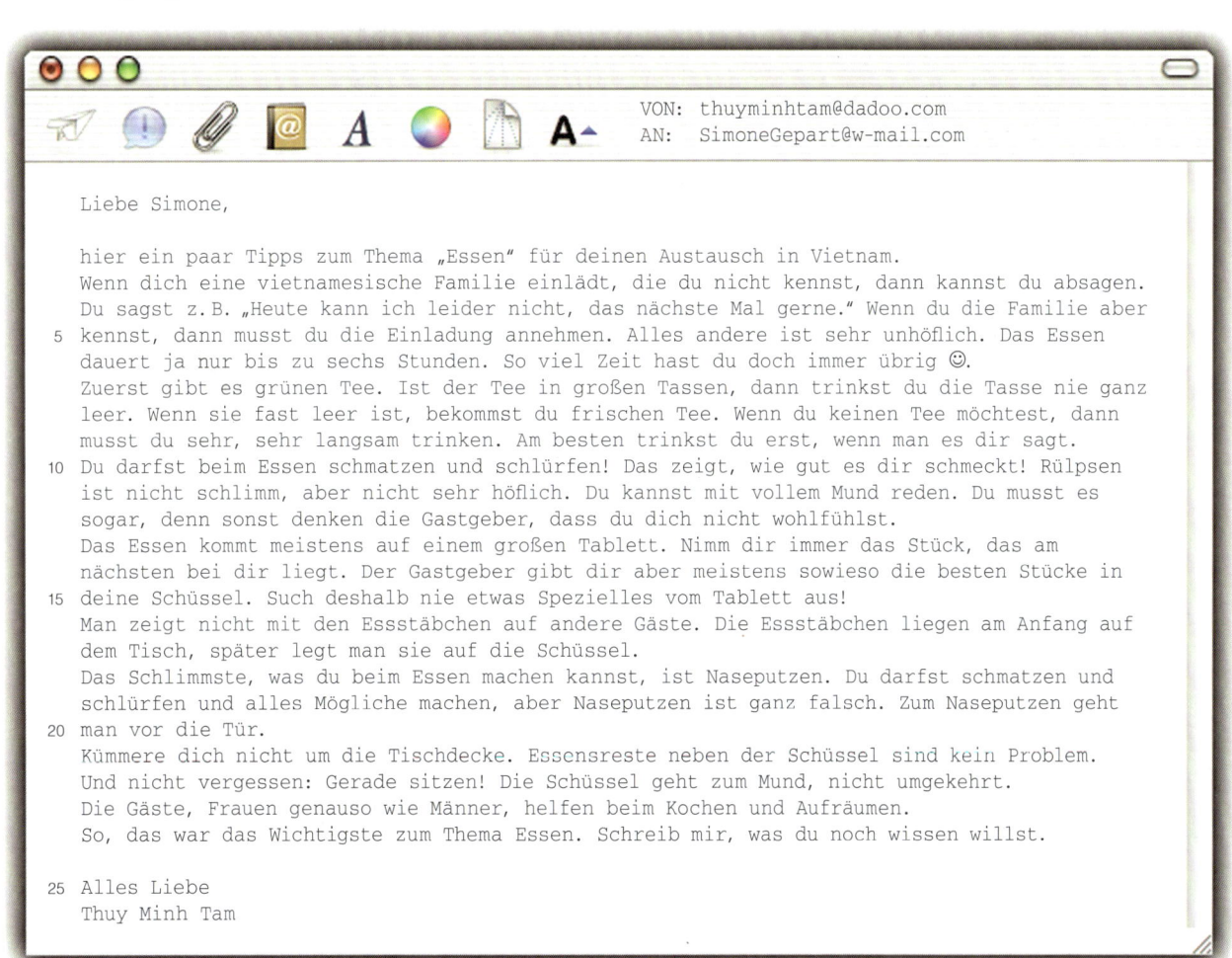

Zeilen _____   _____   _____   _7–9_   _____

VON: thuyminhtam@dadoo.com
AN: SimoneGepart@w-mail.com

Liebe Simone,

hier ein paar Tipps zum Thema „Essen" für deinen Austausch in Vietnam.
Wenn dich eine vietnamesische Familie einlädt, die du nicht kennst, dann kannst du absagen.
Du sagst z. B. „Heute kann ich leider nicht, das nächste Mal gerne." Wenn du die Familie aber
5   kennst, dann musst du die Einladung annehmen. Alles andere ist sehr unhöflich. Das Essen
dauert ja nur bis zu sechs Stunden. So viel Zeit hast du doch immer übrig ☺.
Zuerst gibt es grünen Tee. Ist der Tee in großen Tassen, dann trinkst du die Tasse nie ganz
leer. Wenn sie fast leer ist, bekommst du frischen Tee. Wenn du keinen Tee möchtest, dann
musst du sehr, sehr langsam trinken. Am besten trinkst du erst, wenn man es dir sagt.
10 Du darfst beim Essen schmatzen und schlürfen! Das zeigt, wie gut es dir schmeckt! Rülpsen
ist nicht schlimm, aber nicht sehr höflich. Du kannst mit vollem Mund reden. Du musst es
sogar, denn sonst denken die Gastgeber, dass du dich nicht wohlfühlst.
Das Essen kommt meistens auf einem großen Tablett. Nimm dir immer das Stück, das am
nächsten bei dir liegt. Der Gastgeber gibt dir aber meistens sowieso die besten Stücke in
15 deine Schüssel. Such deshalb nie etwas Spezielles vom Tablett aus!
Man zeigt nicht mit den Essstäbchen auf andere Gäste. Die Essstäbchen liegen am Anfang auf
dem Tisch, später legt man sie auf die Schüssel.
Das Schlimmste, was du beim Essen machen kannst, ist Naseputzen. Du darfst schmatzen und
schlürfen und alles Mögliche machen, aber Naseputzen ist ganz falsch. Zum Naseputzen geht
20 man vor die Tür.
Kümmere dich nicht um die Tischdecke. Essensreste neben der Schüssel sind kein Problem.
Und nicht vergessen: Gerade sitzen! Die Schüssel geht zum Mund, nicht umgekehrt.
Die Gäste, Frauen genauso wie Männer, helfen beim Kochen und Aufräumen.
So, das war das Wichtigste zum Thema Essen. Schreib mir, was du noch wissen willst.

25 Alles Liebe
Thuy Minh Tam

2.2 Kreuzen Sie an: richtig oder falsch?

	R	F
1. Einladungen kann man nur schwer ablehnen.	☐	☐
2. Beim Essen spricht man nicht.	☐	☐
3. Der Gastgeber bekommt die besten Teile vom Essen.	☐	☐
4. Zum Naseputzen geht man aus dem Zimmer.	☐	☐
5. Man muss aufpassen, dass kein Reis auf den Tisch fällt.	☐	☐
6. Gäste und Gastgeber kochen oft zusammen.	☐	☐

3 Einladungen

3.1 Ordnen Sie 1–11 und schreiben Sie den Brief ins Heft.

1. ____ dass du einen neuen Job gefunden hast. Ich hoffe,
2. ____ dass er dir mehr Spaß macht als der alte. Ich arbeite nach wie vor bei „Friatec" und
3. ____ es ist schön, dass du dich mal wieder gemeldet hast. Es ist toll,
4. ____ ich würde dich gern einmal besuchen. Schreib mir doch bitte, wann
5. ____ finde meine Arbeit immer noch interessant.
6. ____ du mal Zeit hast und wie ich zu dir komme.
7. ____ kann ich nicht kommen, weil ich am Samstag nach Hamburg fahren muss. Aber
8. ____ Liebe Grüße auch an Rainer
9. _1_ Liebe Regina,
10. ____ Pjotr
11. ____ Vielen Dank für die Einladung zu eurem Fest. Leider

Liebe Regina,
es ist schön, dass ...

3.2 Einen Brief schreiben – Das Modell in 3.1 hilft Ihnen.

Wählen Sie eine Aufgabe aus: A oder B. Zeigen Sie, was Sie können: Schreiben Sie möglichst viel.

Aufgabe A

Ihre frühere Kollegin Sandra Poll hat eine Prüfung bestanden. Sie möchte das feiern und hat Sie eingeladen.

Schreiben Sie etwas zu folgenden Punkten:

- Grund für Ihr Schreiben
- Was Sie im Moment tun
- Sie kommen
- Bitte um Wegbeschreibung

Aufgabe B

Sie spielen Fußball in einem Verein. Am Wochenende ist ein Spiel, aber Sie können nicht mitmachen.

Schreiben Sie etwas zu folgenden Punkten:

- Grund für Ihr Schreiben
- Entschuldigung
- Sie kommen zum Training nächste Woche.
- Nächstes Spiel?

4 Präpositionen mit Dativ: Zusammenfassung

4.1 Ergänzen Sie die Präpositionen im Merkspruch.

Herr V____ N_____ S_____ Z___
und Frau A_____ B____ M____
bleiben mit dem Dativ fit.

114 *einhundertvierzehn*

24

4.2 Ergänzen Sie die Dativendungen und ordnen Sie zu.

1. Am Wochenende bin ich oft   ____ a) zwei Flaschen Wein aus d____ Keller holen?
2. Kannst du bitte noch   ____ b) einen Espresso nach d____ Essen.
3. Ich bekomme gern Besuch   ____ c) mit dies____ alten Auto bis nach Portugal fahren?
4. Im Urlaub fahre ich meistens   ____ d) mit ein____ großen Fest feiern.
5. Willst du wirklich   ____ e) seit ein____ Stunde auf dich. Das Essen ist schon kalt.
6. Wir warten   ____ f) von mein____ Freunden.
7. Wir trinken immer   ____ g) zu mein____ Familie nach Bulgarien.
8. Ich will meine Prüfung   _1_ h) bei mein_em_ Sohn zu Besuch.

4.3 Ergänzen Sie die Dativ-Präpositionen.

1. _____ dem Essen gehe ich oft eine halbe Stunde spazieren.
2. _____ dem Kochkurs koche ich immer mit meinem Mann zusammen.
3. Ich finde, _____ einer Einladung muss es nicht immer etwas Großes zum Essen geben.
4. Am Samstag gehen wir oft _____ unseren Freunden und spielen „Monopoly" oder Karten.
5. Mein Freund kommt _____ dem Sudan. Er kennt wunderbare sudanesische Rezepte.
6. _____ ein bisschen Fantasie kann man ohne viel Geld ein schönes Fest machen.
7. Rolf hat zum Geburtstag _____ seinen Freunden gute Küchenmesser geschenkt bekommen.

4.4 Präpositionen mit Dativ oder Akkusativ – Ergänzen Sie die Präpositionen und die Artikel.

vor • auf • neben • unter

1. Stell die Teller bitte _____ d_____ Tisch.
2. Die Gabel liegt links _____ d_____ Teller und
   das Messer links _____ d_____ Gabel.
3. Wenn es Suppe gibt, dann steht der Essteller _____ d_____ Suppenteller.
4. Den Teelöffel legst du oben _____ d_____ Teller.

5 Schön, dass Sie da sind – Eindrücke in Deutschland
○ 4.24 Hören Sie zu. Wer sagt was? Notieren Sie die Namen.

1. Die Deutschen legen großen Wert auf Pünktlichkeit,
   sagen ___Monika___ und _____ .
2. _____ findet die Fragen der Vermieter
   unangenehm.
3. Für _____ war die Einladung nicht
   deutlich genug.
4. Die Deutschen mögen Hunde lieber als Kinder,
   glaubt _____ .
5. Die Freunde von _____ haben sich gut
   unterhalten.

Gasan

Monika   Eva

einhundertfünfzehn **115**

6 Zeitgefühl – Wiederholung: Sprache und Zeit

6.1 Uhrzeiten – Notieren Sie.

Sie fragen nach der Uhrzeit: *Entschuldigung, w_____?*

Sie antworten: *Es i_____*

① ② 13:35   ③   ④ 8:50   ⑤

_____   _____   _____   _____   _____

_____   _____   _____   _____   _____

6.2 Sortieren Sie die Wörter.

bald • ~~früher~~ • gestern • gleich • heute • ~~immer~~ • jetzt • manchmal • meistens • morgen • nachher • ~~nie~~ • oft • selten • sofort • später • ~~übermorgen~~ • vorher • vorgestern

Wann? Wie oft?

früher *immer*

übermorgen *nie*

6.3 Was machen Sie *oft, nie, immer* oder *selten*? Notieren Sie.

6.4 Präsens, Präteritum, Perfekt – Schreiben Sie die Sätze in den angegebenen Zeitformen.

1. Frau Schmidt / pünktlich zur Arbeit / kommen (Perfekt/Präteritum)
2. ich / eine Stunde / spazieren gehen (Präsens/Perfekt)
3. ich / Husten haben / und nicht zum Arzt / gehen (Präsens/Perfekt)
4. Warum / du / nicht zu meinem Geburtstag / kommen? (Präsens/Perfekt)
5. Ich / am Computerkurs / nicht teilnehmen (Präsens/Perfekt)

1. Frau Schmidt ist pünktlich zur Arbeit gekommen. / Frau Schmidt ...

6.5 *Erst* oder *schon* – Lesen Sie die Beispiele und ergänzen Sie 1–6.

Sie telefoniert **schon** eine halbe Stunde!   Das ist lang. Sie wollte nur zehn Minuten sprechen.
Sie telefoniert **erst** fünf Minuten.   Das ist kurz. Sie möchte länger sprechen.

1. In Deutschland isst man _____ um 19 Uhr zu Abend, in Spanien _____ um 21 Uhr.

2. In manchen Ländern sind viele Mütter _____ 16 Jahre alt. In Deutschland sind viele Frauen _____ 30, wenn sie ihr erstes Kind bekommen.

3. Normalerweise gehe ich einmal im Monat ins Kino. In dieser Woche war ich _____ zweimal.

4. Meine Freundin wollte um drei kommen und jetzt ist es _____ Viertel vor vier und sie ist noch nicht da.

5. Er lernt _____ seit sechs Wochen Deutsch und ich lerne _____ fast vier Monate, aber er spricht besser als ich.

6. Ich mache _____ eine Stunde Hausaufgaben und habe _____ eine Übung fertig.

116 einhundertsechzehn

7 Bertolt Brecht: Drei Geschichten vom Herrn Keuner

7.1 Lesen Sie. Zu welcher Geschichte passt die Illustration?

A
Herr K. wartete auf etwas einen Tag, dann eine Woche, dann noch einen Monat. Am Schlusse sagte er: „Einen Monat hätte ich ganz gut warten können, aber nicht diesen Tag und diese Woche."

B
„Was tun Sie", wurde Herr K. gefragt, „wenn Sie einen Menschen lieben?" „Ich mache mir einen Entwurf* von ihm", sagte Herr K., „und sorge**, dass er ihm ähnlich wird." „Wer? Der Entwurf?" „Nein", sagte Herr K., „der Mensch."

* Bild/Skizze/Modell ** dafür sorgen / sich kümmern um / arbeiten an

C
Ein Mann, der Herrn K. lange nicht gesehen hatte, begrüßte ihn mit den Worten: „Sie haben sich gar nicht verändert." „Oh!" sagte Herr K. und erbleichte*.

* wurde ganz weiß im Gesicht

7.2 Ordnen Sie die Aussagen 1–3 den Texten zu.

1. ____ Wenn wir uns nicht mehr ändern, dann ist das schlecht.
2. ____ Wenn man lange warten muss, dann wird die Zeit immer unwichtiger.
3. ____ Wir können andere Menschen oft nicht so akzeptieren, wie sie sind.

8 Aussprache: Wortgruppenakzent – Rhythmus

8.1 Klopfen/Klatschen Sie den Rhythmus. Hören und sprechen Sie dann.

einen Spaziergang machen
• • • ● • • •

um die Welt reisen
• • ● • •

im Park ein Picknick machen
• • ● • • • •

den Sommer genießen
• ● • • • •

8.2 Erweitern Sie die Wortgruppen. Sprechen Sie Sätze.

Ich möchte	morgen	mit dir …
	im Sommer	mit meiner Freundin …
	in diesem Jahr	mit meinen Kindern …
	nächstes Jahr	mit meiner Familie …

> Ich möchte mit meinen Kindern einen Spaziergang machen.

Schwierige Wörter

1 Hören Sie und sprechen Sie langsam nach. Wiederholen Sie die Übung.

Jahreszeiten↘   den Wechsel der Jahreszeiten↘   Ich mag den Wechsel der Jahreszeiten.↘

einen Blumenstrauß↘   den Gastgebern einen Blumenstrauß↘   Man gibt den Gastgebern einen Blumenstrauß.↘

2 Schreiben Sie drei Lernkarten und üben Sie mit einem Partner / einer Partnerin.

Testtraining 8

Hören Teil 1 – Telefonansagen

4.27–32 Sie hören fünf Ansagen am Telefon. Zu jedem Text gibt es eine Aufgabe.
Ergänzen Sie die Telefonnotizen. Sie hören jeden Text **zweimal**.

Beispiel

⓪ **Adresse vom Kindergarten** neben der Kirche *Rathausstraße 12*	① **Firma Infotherm** Techniker kommt Datum: _____	② **Kursfest** Termin: am Samstag Beginn: _____
③ **Bankangestellte anrufen** Telefonnummer: _____	④ **Drina** bekommt Besuch. Von wem? _____	⑤ **Fahrrad** fast neu Preis: _____

Maximale Punktzahl: 5 / Meine Punktzahl: _____

Hören Teil 2 – Radioansagen

Sie hören fünf Informationen aus dem Radio. Zu jedem Text gibt es eine Aufgabe.
Kreuzen Sie an: a, b oder c. Sie hören jeden Text **einmal**.

Beispiel

⓪ Von wann bis wann läuft „Der dritte Mann"?
4.33
- [a] Von Donnerstag bis Montag.
- [b] Von Montag bis Freitag.
- [X] Von Donnerstag bis Dienstag.

⑥ Was kommt um 14 Uhr?
4.34
- [a] Das Mittagsprogramm.
- [b] Die Nachrichten.
- [c] Eine Kindersendung.

⑦ Was ist das Problem mit dem Verkehr?
4.35
- [a] Das Parkhaus ist geschlossen.
- [b] In der Stadt sind keine Parkplätze frei.
- [c] Es fahren keine Busse.

⑧ Wie wird das Wetter morgen?
4.36
- [a] Es wird kälter.
- [b] Es wird sehr windig.
- [c] Es wird warm.

⑨ Wie kommt man vom Hauptbahnhof zum Westkreuz?
4.37
- [a] Mit dem Zug.
- [b] Mit der S-Bahn.
- [c] Mit der Straßenbahn.

⑩ Welche Telefonnummer soll man anrufen?
4.38
- [a] 08 00/8 87 66 52
- [b] 0 80 00/1 53 80
- [c] 01 90/8 87 66 42

Maximale Punktzahl: 5 / Meine Punktzahl: _____

Start Deutsch 2

Hören Teil 3 – Alltagsgespräch

4.39–40   Sie hören ein Gespräch. Zu diesem Gespräch gibt es fünf Aufgaben.
Ordnen Sie zu und notieren Sie den Buchstaben. Sie hören den Text **zweimal**.

Welche Informationen bekommen Sie über die Personen?

Beispiel

⓪ Anke   Lösung: [g] nach Australien fahren

	⓪	⑪	⑫	⑬	⑭	⑮
Person	Anke	Klaus	Tanja	Ben	Hannes	Carolina
Lösung	g					

[a] mit alten Menschen arbeiten
[b] zu Verwandten in die USA gehen
[c] im Geschäft der Eltern arbeiten
[d] drei Monate Urlaub machen
[e] später entscheiden
[f] Medizin studieren
[g] nach Australien fahren
[h] den Großvater pflegen
[i] als Au-pair in die USA gehen

Maximale Punktzahl: 5 / Meine Punktzahl: _____

Lesen Teil 1 – Listen

Sie brauchen ein paar Dinge aus einem Medienmarkt und gehen dort einkaufen.
Lesen Sie die Aufgaben 1–5 und den Wegweiser von einem Medienmarkt.
In welches Stockwerk gehen Sie? Kreuzen Sie an: [a], [b] oder [c].

Orion Media – Alles unter Strom

4	Musik-CDs: Pop, Jazz, Folklore, Weltmusik, Klassik / Hörbücher / Orion-Konzertkartenshop
3	DVDs, CDs, Computerzubehör: USB-Sticks, Tastaturen, Bildschirme, Computerspiele, Computerbücher
2	Fernsehgeräte, DVD-Recorder, Heimkinoanlagen, Projektoren, CD-Spieler, Stereoanlagen
1	Computer, Bildschirme, Drucker, Scanner, digitale Fotoapparate, Videokameras
EG	Küchenherd, Kühlschränke, Klimaanlagen, Elektroheizungen, Bügeleisen, Wasserkocher, elektrische Zahnbürsten, Nähmaschinen

Beispiel

⓪ Sie brauchen ein Gerät, das Wasser heiß machen kann.
[X] Erdgeschoss
[b] 3. Stock
[c] anderes Stockwerk

② Ihr Freund ist Filmfan. Sie suchen ein Geschenk für ihn.
[a] Erdgeschoss
[b] 4. Stock
[c] anderes Stockwerk

④ Sie suchen Musik aus Ihrer Heimat.
[a] 3. Stock
[b] 4. Stock
[c] anderes Stockwerk

① Sie machen Kleider selbst und suchen eine Maschine.
[a] Erdgeschoss
[b] 2. Stock
[c] anderes Stockwerk

③ Sie möchten Ihren Freund ins Konzert einladen.
[a] 1. Stock
[b] 3. Stock
[c] anderes Stockwerk

⑤ Sie möchten Videofilme selbst machen.
[a] 1. Stock
[b] 3. Stock
[c] anderes Stockwerk

Maximale Punktzahl: 5 / Meine Punktzahl: _____

einhundertneunzehn 119

Testtraining 8

Lesen Teil 2 – Zeitungsmeldung

Lesen Sie den Text und die Aufgaben 6–10. Sind die Aussagen Richtig oder Falsch? Kreuzen Sie an.

Janina Serke – Schauspielerin aus Zufall

Janina Serke fasziniert vom ersten Moment an. Die junge Schauspielerin hat nämlich eine Schönheit, die von innen kommt. Mit ihren sehr lebendigen, großen Augen und ihrer natürlichen Art hat sie das Publikum schon in ihrem ersten Film begeistert.

Schauspielerin wurde sie nur durch Zufall: Sie war mit Freundinnen im Café, als ein Filmemacher sie ansprach. Er suchte für seinen nächsten Film eine Schülerin. Janina erzählt: „Er hat mich gefragt, ob ich Lust hätte, in einem Film mitzuspielen – und da habe ich natürlich ja gesagt!" Dann ging alles ganz schnell. Sie spielte in ihrem ersten Film mit, viele weitere folgten – und jetzt ist sie hauptberuflich Schauspielerin.

Das Lustigste an ihrer Geschichte ist aber, dass ihre Mutter auch eine berühmte Schauspielerin ist. Janina wollte früher eigentlich Medizin studieren, aber beim Film gefällt es ihr so gut, dass sie bei diesem Beruf bleiben will – im nächsten Film in einer Rolle mit ihrer Mutter zusammen.

Beispiel

		Richtig	Falsch
0	Janina Serke war in ihrem ersten Film nicht erfolgreich.	Richtig	**Falsch** ✗
6	Janina wollte schon als Kind Schauspielerin werden.	Richtig	Falsch
7	Sie wollte bei ihrem ersten Film nicht gleich mitmachen.	Richtig	Falsch
8	Sie hat schon in mehreren Filmen mitgespielt.	Richtig	Falsch
9	Janina möchte keinen anderen Beruf.	Richtig	Falsch
10	Janina spielt bald in einem Film mit ihrer Mutter.	Richtig	Falsch

Maximale Punktzahl: 5 / Meine Punktzahl: _____

Lesen Teil 3 – Kleinanzeigen

Lesen Sie die Anzeigen a–h und die Aufgaben 11–15. Welche Anzeige passt zu welcher Situation? Für **eine** Aufgabe gibt es keine Lösung. Schreiben Sie hier den Buchstaben X.

Beispiel

0) Für das neue Kinderzimmer brauchen Sie Möbel.   **Lösung:** Anzeige b

Situation	0	11	12	13	14	15
Anzeige	b					

11) Sie suchen ein billiges Auto zum Reparieren.

12) Sie sind ein guter Handwerker und suchen ab 18 Uhr einen Nebenjob.

13) Sie kennen sich sehr gut mit Computern aus und suchen Arbeit.

14) Freunde kommen zu Besuch und brauchen ein preiswertes Hotel.

15) Sie haben ein kleines Kind und suchen eine Arbeit, die Sie auch zu Hause machen können.

a **Hausmeister** für kleine Wohnanlage gesucht! Handwerkliches Können erforderlich! 2–3-mal pro Woche, auch abends möglich. Hausverwaltung Bossert Tel. 05 61/7 78 82 49

b **Billig! Billig!** Komplette Einrichtung für Kinderzimmer zu verkaufen. Schrank, Bett, Schreibtisch – gut erhalten! Tel. 05 61/23 45 87 (abends)

120 *einhundertzwanzig*

|c| **Nebenjob zu Hause!** Adressenschreiben für Werbeagentur. Gute Deutschkenntnisse und Computer Voraussetzung! Beste Bezahlung! Rufen Sie Herrn Matschinke an: 0 73 32/59 02

|d| **Für Bastler:** VW Golf, Baujahr 1998, leider kein TÜV, nur 250 Euro. 01 71/2 33 35 84

|e| Nebenjob 10 Euro/Std.! Wir suchen dringend eine **Bürohilfe** – Arbeitszeit nach Vereinbarung. Rufen Sie an! Immobilien Reich 05 61/35 46 72

|f| **Wiedereröffnung:** Hotel am Park sucht freundliche Damen und Herren mit guten Deutschkenntnissen für Empfang, Küche und Service. 05 61/24 24 33 (8–12 Uhr)

|g| **Computerprofi** dringend gesucht! Netter, kleiner Computerladen sucht ab sofort Verstärkung für Service, Beratung und Verkauf! Bewerbungen bitte per E-Mail an info@computerprofis.de

|h| Von privat: **Volvo 404, BJ 92,** 2 Jahre TÜV, guter Zustand, viele Extras. Preis Verhandlungssache! 01 72/8 83 95 62

Maximale Punktzahl: 5 / Meine Punktzahl: _____

Schreiben Teil 1 – Informationen zur Person geben

Ihre Bekannte Jelena Chodorowa aus Russland sucht eine Mitfahrgelegenheit.
Helfen Sie Jelena und schreiben Sie die fünf fehlenden Informationen in das **Formular** der Mitfahrzentrale im Internet oder kreuzen Sie an.

Name: Chodorowa
Vorname: Jelena
geb. am: 23.11.1984
in: St. Petersburg
Adresse: Hirschgartenallee 3 80639 München
Nationalität: Russisch

Jelena Chodorwa

Fotografin

Hirschgartenallee 3 • 80639 München
Mobil: 01 60/58 85 02
E-Mail: info@jecho.de

Jelena Chodorowa lebt seit drei Jahren in München. Sie hat dort eine Ausbildung zur Fotografin gemacht. Sie muss für ein neues Projekt nach Hamburg und sucht eine Mitfahrgelegenheit.
Sie möchte am 3. Mai morgens um 9 Uhr fahren. Sie hat einen schweren Koffer dabei. Sie ist Raucherin. Die Mitfahrzentrale soll anrufen, wenn eine Mitfahrgelegenheit für sie da ist.

Münchner Mitfahrzentrale

Name:	Chodorowa	0
Vorname:	Jelena	
Straße:	_____	1
PLZ, Stadt:	80639 München	
Geburtsdatum:	_____	2
Ich suche eine Mitfahrgelegenheit.	☐	
Ich möchte jemanden mitnehmen.	☐	3
Datum der Fahrt:	3. Mai	
Uhrzeit der Fahrt:	_____	4
Fahrtziel:	Hamburg	
Raucher/in:	☒ ja ☐ nein	
Gepäck:	_____	5
Sonstiges:	Bitte keine Haustiere!	
Kontakt:	☒ Tel.: 01 60/58 85 02	
	☐ E-Mail: info@jecho.de	

Maximale Punktzahl: 5 / Meine Punktzahl: _____

einhunderteinundzwanzig 121

Testtraining 8

Schreiben Teil 2 – Kurze Mitteilung

Ihr deutscher Freund Justin schreibt Ihnen in einer E-Mail, dass er in Ihrem Heimatland Urlaub machen möchte und bittet Sie um Empfehlungen. Schreiben Sie ihm eine Antwort.

Hier finden Sie vier Punkte. Wählen Sie **drei** aus.
Schreiben Sie zu jedem Punkt ein bis zwei Sätze (circa 40 Wörter).
Vergessen Sie nicht den passenden Anfang und den Gruß am Schluss.

Unterkunft	schöne Orte
Verkehrsmittel	Wetter

Maximale Punktzahl: 10 / Meine Punktzahl: _____

> **TIPP** In der Prüfung schreiben Sie diesen Teil auf den Antwortbogen.

Sprechen Teil 1 – Sich vorstellen

Stellen Sie sich vor.

Maximale Punktzahl: 3 /
Meine Punktzahl: _____

Name
Alter
Land
Wohnort
Sprachen
Beruf
Hobby

Sprechen Teil 2 – Gespräch über ein Alltagsthema

Bei diesem Prüfungsteil arbeiten Sie mit einem Partner / einer Partnerin zusammen.
Sie möchten eine bestimmte Information von ihm/ihr.

> **TIPP** Bei der Karte mit dem Fragezeichen können Sie eine freie Frage stellen.

Sprechen Teil 2 – Wohnung	Sprechen Teil 2 – Wohnung
Wo ...?	**Was ...?**
Sprechen Teil 2 – Wohnung	Sprechen Teil 2 – Wohnung
Wie lange ...?	**Mit wem ...?**
Sprechen Teil 2 – Wohnung	Sprechen Teil 2 – Wohnung
...?	**...?**
Sprechen Teil 2 – Wohnung	Sprechen Teil 2 – Wohnung
Hast du / Haben Sie ...?	**Wie viel ...?**

Sprechen Teil 2 – Kleidung	Sprechen Teil 2 – Kleidung
Wann ...?	**Hast du / Haben Sie ...?**

Sprechen Teil 2 – Kleidung	Sprechen Teil 2 – Kleidung
...?	**...?**

Sprechen Teil 2 – Kleidung	Sprechen Teil 2 – Kleidung
Wo ...?	**Wie viel ...?**

Sprechen Teil 2 – Kleidung	Sprechen Teil 2 – Kleidung
Wie oft ...?	**Was ...?**

Maximale Punktzahl: 6 / Meine Punktzahl: _____

Sprechen Teil 3 – Ein Problem lösen

Eine Freundin soll Ihnen bei einer Bewerbung helfen.
Finden Sie einen gemeinsamen Termin. Machen Sie Vorschläge.

Mo	Tag	
	Abend	schwimmen
Di	Tag	arbeiten
	Abend	Vorbereitung Deutschkurs
Mi	Tag	arbeiten
	Abend	Deutschkurs
Do	Tag	
	Abend	Deutschkurs
Fr	Tag	arbeiten
	Abend	Tante Tina besuchen
Sa	Tag	Sommerfest im Kindergarten
	Abend	
So	Tag	Eltern besuchen
	Abend	

Mo	Tag	arbeiten
	Abend	
Di	Tag	arbeiten
	Abend	Fußballtraining
Mi	Tag	arbeiten
	Abend	Computerclub
Do	Tag	
	Abend	Fußballtraining
Fr	Tag	arbeiten
	Abend	Kino
Sa	Tag	Spiel (14.30 Uhr)
	Abend	Feier im Verein
So	Tag	
	Abend	Krimi im Fernsehen

Maximale Punktzahl: 6 / Meine Punktzahl: _____

Maximale Gesamtpunktzahl: 60 / Meine Punktzahl: _____

124   einhundertvierundzwanzig

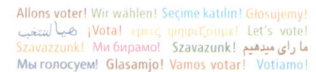

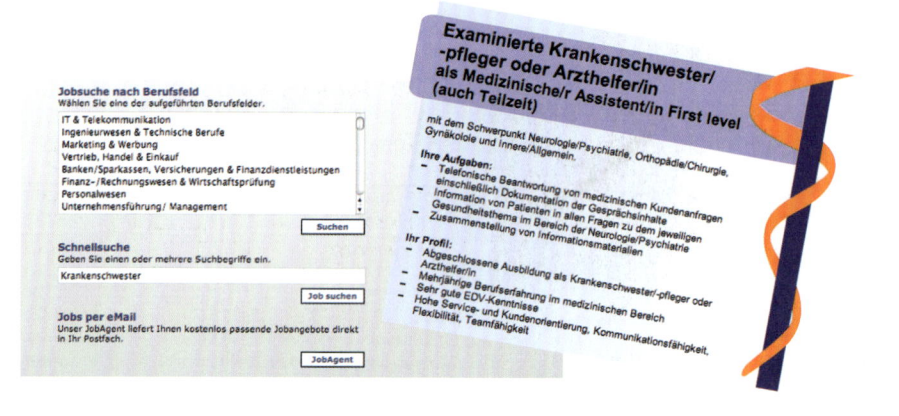

Im Alltag EXTRA

Wo werden die Geräte bereitgehalten?

Wenn herkömmliche Rundfunkgeräte vorhanden sind, ist die Angabe von neuartigen Rundfunkgeräten freiwillig.

Im Privathaushalt (Anschrift s.o.):	In der Zweit- oder Ferienwohnung:	Am Arbeitsplatz:
☐ Radio — seit (Monat Jahr)	☐ Radio — seit (Monat Jahr)	☐ Radio — seit (Monat Jahr)
☐ Fernsehgerät — seit	☐ Fernsehgerät — seit	☐ Fernsehgerät — seit
☐ Neuartiges Rundfunkgerät — seit	☐ Neuartiges Rundfunkgerät — seit	☐ Neuartiges Rundfunkgerät — seit

Anschrift der Zweit- oder Ferienwohnung / des Arbeitsplatzes (Straße, PLZ, Ort)

einhundertfünfundzwanzig

Das finde ich schön

Sprechen, sprechen …

Klamotten und Computer: Probleme mit den Kindern

Lesen Sie die Texte. Was sind die Probleme?

1
Ich bin alleinerziehend und habe zwei Kinder im Alter von 17 und 18. Sie wollen dazugehören und immer die richtigen Sachen haben: schicke Klamotten, das neueste Handy … Aber das kann ich mir nicht leisten. Wie machen das andere Eltern?

2
Unsere Tochter macht uns in letzter Zeit Sorgen. Wir geben ihr genügend Geld für schöne, neue Sachen, aber sie trägt immer nur ihre alten Jeans und ihr hässliches Totenkopf-T-Shirt. Sie sitzt dauernd vor dem Computer, schläft zu wenig und macht keinen Sport. Der Computer ist ihr einziger Freund. Wo bekommen wir Hilfe?

Was meinen Sie: Was können die Eltern tun?

Die Eltern sollen mit den Kindern sprechen.

Ich habe ja keine Kinder, aber ich würde …

Gespräch in der Beratungsstelle

Lesen Sie den Dialog.

Berater/in	Ratsuchende/r
Guten Morgen. Bitte nehmen Sie doch Platz.	Guten Tag, mein Name ist …
Um was geht es?	Meine Tochter ist 13. Sie sitzt nur vor dem Computer und macht sonst gar nichts.
Können Sie mir noch etwas mehr darüber sagen?	Wir sind vor einem Jahr hierher gezogen. Sie hat in der neuen Schule keine Freunde gefunden.
Haben Sie schon eine Idee, welche Unterstützung wir geben können?	Ja, können Sie vielleicht einmal mit meiner Tochter reden? Ich glaube, sie braucht Hilfe.
Wir machen am besten einen Termin aus. Wann passt es Ihnen gut?	Nachmittags kann auch meine Tochter mitkommen. Geht es am nächsten Mittwoch?
…	

Überlegen Sie sich eine andere Beratungssituation. Decken Sie dann die rechte Seite ab. Was sagt der/die Ratsuchende? Üben Sie Dialoge.

INFO **Familienberatungsstellen**
Beratungsstellen arbeiten oft mit der ganzen Familie. Sie helfen bei der Lösung von Problemen. Beratungsstellen haben **Schweigepflicht**. Das heißt, sie dürfen nicht mit anderen über Ihre Probleme sprechen. Die Beratung ist **kostenlos**. Manchmal sollte man zu mehreren Beratungsstellen gehen.
Sie können auch die **Telefonseelsorge** anrufen. Unter 0800/1110111 oder 0800/1110222 bekommen Sie Tag und Nacht Hilfe. Das Gespräch ist kostenlos, anonym und vertraulich.

Planen und organisieren

Wir helfen uns selbst

Sie haben ein Problem und wollen mit anderen zusammen etwas dagegen tun. Gründen Sie eine Selbsthilfegruppe und stellen Sie sie im Kurs vor.

1. Überlegen Sie: Was ist Ihr gemeinsames Problem oder Ziel? – Lernprobleme • Leben als Migrant/Migrantin • gesundheitliche Probleme …
2. Wo, wann und wie oft soll sich die Gruppe treffen?
3. Welche Aktivitäten planen Sie? – Erfahrungsaustausch • Informationsstände …
4. Wofür brauchen Sie Geld? – Raummiete • Telefon • Fahrtkosten …

GEMEINSAM SIND WIR STARK!

Selbsthilfegruppe für _____

Möchten Sie in unserer Selbsthilfegruppe mitmachen?

1. Wir wollen: _____

2. Wir treffen uns: _____

3. Diese Aktivitäten planen wir: _____

4. Wir freuen uns über eine Spende von _____ Euro pro Treffen.

INFO   Selbsthilfegruppen
In Selbsthilfegruppen sind Menschen mit dem gleichen Problem oder Ziel. Sie wollen sich gegenseitig unterstützen und gemeinsam etwas tun. Wollen Sie eine Selbsthilfegruppe finden oder selbst gründen? Adressen und Hilfe gibt es unter www.nakos.de

Beratung – international

Wer hilft in anderen Ländern bei Problemen in der Familie? Sprechen Sie im Kurs.

Lehrer/in   Großeltern   Sozialarbeiter/in   Beratungsstelle   Schulpsychologe/-in
Pfarrer/in   Selbsthilfeeinrichtung   Imam   …

Projekt:

Welche Beratungsstellen gibt es in Ihrer Stadt?

Komm doch mit!

Sprechen, sprechen …

Was kann man in der Freizeit machen?

Lesen Sie die Aussagen. Welche Freizeitbeschäftigung empfehlen Sie den Personen?

1
Ich wohne erst seit ein paar Monaten hier. Ich möchte Leute kennenlernen. Früher habe ich viel gesungen, ich war sogar in einem Chor. Ach, ich mag eigentlich alles, was mit Musik zu tun hat.

2
Ich habe einen stressigen Job und nicht viel Freizeit. Aber ich muss mich dringend bewegen. Eigentlich ist mir egal, was ich mache. Hauptsache, ich komme mal raus aus dem Büro.

3
Ich möchte mich gern in meiner Freizeit für andere engagieren. Das gibt mir ein gutes Gefühl. Es gibt so viele Bereiche, für die man etwas tun sollte.

Die erste Person liebt Musik. Sie kann in einen Gospelchor gehen oder …

Haben Sie noch andere Ideen?

Schwimmverein   Tanzkurs   Musikschule   Tierschutzverein

Kindertreff   Karateclub   deutsch-ausländischer Freundschaftsverein

…

Informationen über ein Freizeitangebot einholen

Schreiben Sie einen Dialog. Üben sie den Dialog und spielen Sie ihn im Kurs vor.

Partner 1	Partner 2
Guten Tag, ich möchte mich informieren …	…
Haben Sie …?	…
Wann …?	… Haben Sie noch Fragen?
Nein, vielen Dank. Jetzt weiß ich Bescheid.	

Kann man bei Ihnen mitmachen?	Sie können jederzeit mitmachen. / Der Kurs beginnt am …
Muss ich mich anmelden?	Bitte füllen Sie das Anmeldeformular aus.
Muss ich in den Verein eintreten?	Das Angebot ist nur für Vereinsmitglieder.
Ist noch ein Platz frei?	Sie können gleich anfangen. Leider nicht. Wir nehmen Sie auf die Warteliste auf.
Kostet es etwas? / Was kostet es?	Nein, die Teilnahme ist kostenlos. / Die monatliche Gebühr ist …
Wann sind die Treffen?	Die Gruppe trifft sich …
Muss ich Vorkenntnisse haben?	Nein, müssen Sie nicht. Sie sollten Kenntnisse in … mitbringen.
Muss ich etwas mitbringen?	Bitte bringen Sie … mit.

Planen und organisieren

Mach doch mit!

Sie wollen am Sommerfest des Beirats für Migration und Integration teilnehmen. Planen Sie gemeinsam einen Stand und füllen Sie das Formular aus. Stellen Sie Ihren Stand im Kurs vor.

Internationales SOMMERFEST
Bewerbung um einen Standplatz

Wir möchten gerne teilnehmen mit einem:

☐ Infostand (ohne Verkauf)

    Wir informieren über: _____
_____

☐ Verkaufsstand/Kunsthandwerk u. Ä.

    Unser Angebot: _____
_____

☐ Stand mit Speisen und Getränken

    Wir bieten Speisen und Getränke aus diesen Ländern:_____
_____

Wir schenken Alkohol aus: ☐ Ja   ☐ Nein

Wir benötigen:

☐ Haushaltsstrom   ☐ Starkstrom   ☐ Wasseranschluss

☐ Sonstiges: _____

Freizeit – international

Sport, Kultur, Kunsthandwerk …

Welche Freizeitbeschäftigungen sind in Ihrem Land beliebt?

Die Menschen in Thailand lieben Sepak Takraw. Das ist ein Ballspiel.

In Brasilien …

einhundertneunundzwanzig **129**

Arbeitssuche

Sprechen, sprechen …

Ein Vorstellungsgespräch – Schritt für Schritt

So kann ein Vorstellungsgespräch ablaufen. Lesen Sie.

	Arbeitgeberin	Bewerber
1. Begrüßung und Vorstellung: Das Gespräch beginnt.	Guten Tag, Herr Okten. Nehmen Sie bitte Platz. Haben Sie uns gut gefunden?	Guten Tag, Frau Schöller. Ja, danke, das war kein Problem.
2. Der Arbeitgeber stellt Fragen zum Lebenslauf. Erzählen Sie ausführlich von Ihren Tätigkeiten.	Bitte schildern Sie uns die wichtigsten Stationen Ihrer Ausbildung und Berufstätigkeit.	Ich habe 1998 die Schule abgeschlossen. Dann habe ich …
3. Jetzt sprechen Sie über die Arbeit. Sie haben sich schon vorher gut informiert.	Warum haben Sie sich in unserer Firma beworben?	Ich habe mich im Internet über Ihre Firma informiert. Mir gefällt besonders …
4. Der Arbeitgeber stellt Fragen zu Ihren Stärken und Schwächen.	Wo sehen Sie Ihre Stärken? Wo sehen Sie Ihre Schwächen?	Ich denke, ich kann gut … Und ich möchte mich in … weiterbilden.
5. Ist das die richtige Stelle für Sie? Stellen Sie Fragen.	Haben Sie noch Fragen an uns?	Ich möchte gerne noch wissen, wann …
6. Gesprächsabschluss: Sie erfahren, wie es weitergeht.	Herr Okten, zunächst einmal vielen Dank für das Gespräch. Sie werden spätestens bis Ende … eine Entscheidung von uns hören.	Ich bedanke mich ebenfalls. Ich freue mich, von Ihnen zu hören.

> **WICHTIG** Gute Vorbereitung
> Bereiten Sie ein Vorstellungsgespräch immer genau vor. Überlegen Sie sich Antworten auf mögliche Fragen und eigene Fragen an den Arbeitgeber. Informieren Sie sich gut über die Firma.
> Üben Sie Vorstellungsgespräche mit einem Partner / einer Partnerin. Sie sind sicherer, wenn Sie viel üben.
> Im Internet finden Sie viele Hilfen unter dem Suchwort „Vorstellungsgespräch".

Überlegen Sie sich eine interessante Arbeitsstelle und üben Sie zu zweit.

Jobsuche im Internet

Suchen Sie eine Stellenanzeige im Internet und stellen Sie Ihr Suchergebnis im Kurs vor.

Üben Sie mit diesen Anzeigen Vorstellungsgespräche.

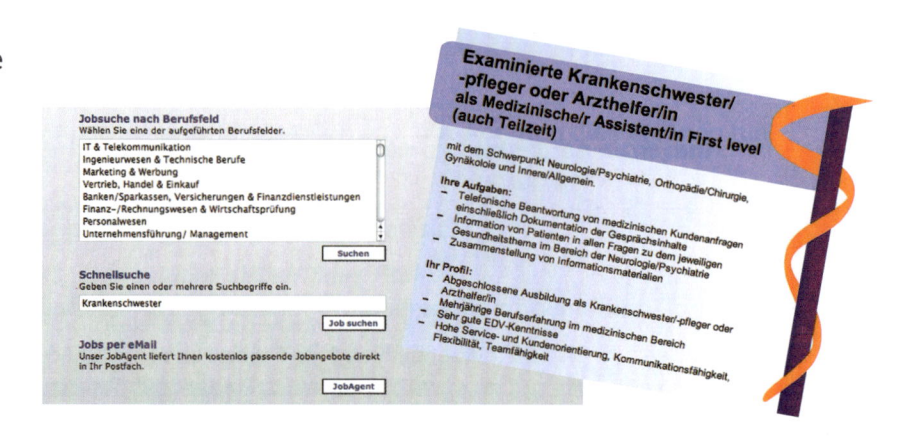

21

Papiere, Papiere …

Erfahrungen und Stärken darstellen

Lesen Sie 1–10. Welche Sätze passen zur Bewerbung von A und welche zu der von B?

A
„Ich bewerbe mich um eine Stelle als Lagerist in einem Versandhaus."

1, …

B
„Ich bewerbe mich als Krankenschwester in einem Krankenhaus."

1, …

1. Zu meinen persönlichen Stärken zählen Zuverlässigkeit und Ausdauer.
2. Durch meine freundliche und natürliche Art passe ich in jedes Team.
3. Ich kann gut mit Stress umgehen.
4. Ich arbeite sorgfältig und zuverlässig.
5. Im Juni 2007 habe ich meine Ausbildung im Waldkrankenhaus Erlangen erfolgreich abgeschlossen.
6. Ich habe eine Lehre als Handelsfachpacker bei der Firma Törtchen GmbH gemacht.
7. Sie suchen jemanden mit Berufserfahrung und Belastbarkeit. Diese Fähigkeiten bringe ich mit.
8. Ich habe Sinn für Ordnung und Genauigkeit.
9. Ich habe sehr viel Geduld mit meinen Patienten.
10. Im Umgang mit Menschen bin ich höflich und zuvorkommend.

Sammeln Sie die Fähigkeiten und Stärken der Personen.

Zuverlässigkeit.   *Sie ist höflich.*   *Sie hat viel Geduld.*

Schreiben Sie in das Online-Formular ein paar Sätze über Ihre Erfahrungen und Stärken.

Sehr geehrte Bewerberin, sehr geehrter Bewerber,
Ihr Anschreiben ist uns sehr wichtig. Bitte schreiben Sie sachlich und kurz. Beschreiben Sie Ihre Fähigkeiten und Stärken in Bezug auf das Anforderungsprofil der Stellenbeschreibung.

Ich habe _____
_____

Ich arbeite _____
_____

Ich bin _____
_____

Ich kann _____
_____

Sie haben die Möglichkeit, zusätzliche Unterlagen als Anhang mitzusenden, z. B. Lebenslauf und Zeugnisse.

TIPP Im Internet kann man kostenlos Muster für Anschreiben und Bewerbungen für viele Berufe finden, z. B. unter www.bewerbungsratgeber24.de

einhunderteinunddreißig **131**

Alltag und Medien

Sprechen, sprechen …

Eine Störung melden

*Mein Telefon funktioniert nicht.
Was mache ich jetzt? …
Eine Störungsmeldung über das Internet …
Das funktioniert auch nicht.
Ich nehme das Handy …
Das kann teuer werden.*

Automatische Störungsannahme

- ⌀ Guten Tag und herzlich willkommen beim Kundenservice. Nennen Sie bitte kurz den Grund Ihres Anrufs.
- ⌀ Bitte nennen Sie ein Thema, wie z. B. Beratung, Rechnung, Umzug, Störung oder sagen Sie „anderes Anliegen".
- ⌀ Wir benötigen die Nummer des Anschlusses, um den es geht. Ist es die Nummer des Anschlusses, von dem Sie anrufen?
- ⌀ Dann nennen Sie bitte jetzt die Rufnummer, um die es geht, mit Vorwahl.
- ⌀ Folgende Rufnummer wurde verstanden: 0 61 31-2 35 71. Ist das richtig?
- ⌀ Was genau ist denn gestört? Festnetztelefonie, Mobilfunk-Verbindung oder DSL-Anschluss?
- ⌀ Können Sie gar nicht telefonieren, nur zeitweise telefonieren oder gibt es Störgeräusche?
- ⌀ Ich habe Sie leider nicht verstanden. Einen Augenblick, bitte. Ich verbinde Sie mit dem nächsten freien Berater.
- ▲ Guten Tag, mein Name ist André Siegel. Was kann ich für Sie tun?

Anrufer/in

- ○ Äh, hm, ich rufe an, weil …

- ○ Störung.

- ○ Nein.

- ○ 06131-2 35 71.

- ○ Ja. Das ist richtig.

- ○ Das Telefon.

- ○ Wie sage ich das? … Ich glaube, das Telefon ist kaputt.

- ○ …

Üben Sie zu zweit. A liest vor, was die Störungsannahme sagt, und B meldet eine Störung (Telefon, Handy oder Internet).

WICHTIG Das Gespräch mit der Störungsstelle vorbereiten
Notieren Sie vor dem Gespräch Ihre Kundennummer, Ihr Passwort und Ihre Telefonnummer. Schreiben Sie den Namen des Beraters, das Datum, die Uhrzeit und die Telefonnummer auf. Notieren Sie dann die Ergebnisse des Gesprächs.
Kosten – Alle 0800-Nummern sind kostenlos. Bei den 0180-Nummern sind die Kosten zwischen Kunde und Unternehmen geteilt. Achten Sie auf solche Hinweise: „14 Cent/Min. aus dem deutschen Festnetz". Das bedeutet, dass das Gespräch viel teurer ist, wenn Sie mit dem Handy telefonieren.

Papiere, Papiere ...

GEZ – die Gebühreneinzugszentrale

Ich zahle meine Rundfunkgebühren, weil ich den ganzen Tag Radio höre, weil meine Kinder im Fernsehen ein gutes Programm sehen sollen ... und weil ich nicht so viel Werbung mag.

Wählen Sie ein Beispiel von A–C und füllen Sie das GEZ-Formular aus.

Ⓐ Maja M. arbeitet von Montag bis Freitag in Hamburg. Sie hat in ihrer kleinen Zweitwohnung (Eppendorfer Str. 32, 20249 Hamburg) seit Januar 2008 ein Fernsehgerät.

Ⓑ Sergio D. hat in seinem Laden in der Lynarstr. 85 in 13585 Berlin kein Fernsehgerät und auch kein Radio. Aber er hat seit November 2009 ein Autoradio in seinem Lieferwagen.

Ⓒ Familie S. hat in ihrem Haus (65929 Frankfurt a. M., Luciusstr. 102) seit Juli 2007 zwei Fernsehgeräte und drei Radios. Die Kinder haben im Mai 2010 einen neuen PC bekommen und sehen im Internet fern.

Wo werden die Geräte bereitgehalten?
Wenn herkömmliche Rundfunkgeräte vorhanden sind, ist die Angabe von neuartigen Rundfunkgeräten freiwillig.

Im Privathaushalt (Anschrift s.o.):
- ☐ Radio seit ___ Monat ___ Jahr
- ☐ Fernsehgerät seit ___ Monat ___ Jahr
- ☐ Neuartiges Rundfunkgerät seit ___ Monat ___ Jahr

In der Zweit- oder Ferienwohnung:
- ☐ Radio seit ___ Monat ___ Jahr
- ☐ Fernsehgerät seit ___ Monat ___ Jahr
- ☐ Neuartiges Rundfunkgerät seit ___ Monat ___ Jahr

Am Arbeitsplatz:
- ☐ Radio seit ___ Monat ___ Jahr
- ☐ Fernsehgerät seit ___ Monat ___ Jahr
- ☐ Neuartiges Rundfunkgerät seit ___ Monat ___ Jahr

Anschrift der Zweit- oder Ferienwohnung / des Arbeitsplatzes (Straße, PLZ, Ort)

INFO In Deutschland muss man Gebühren für Radio und Fernsehen zahlen. Das ist Gesetz. Die Gebühren finanzieren ARD, ZDF, die dritten Programme (WDR, NDR, BR usw.) und die öffentlichen Radiosender. Die Formulare gibt es bei der Post und bei Banken. Menschen mit niedrigem Einkommen können sich befreien lassen. Informieren Sie sich unter www.gez.de

Medien – international

Wie wichtig sind E-Mail und Internet in Ihrem Land?

für Kinder
für junge Leute
für Berufstätige
für ältere Menschen

Fast alle meine Freunde zu Hause telefonieren mit dem Internet ins Ausland. Das ist viel günstiger.

einhundertdreiunddreißig 133

Die Politik und ich

Sprechen, sprechen …

Politisch aktiv sein

Ergänzen Sie den Fragebogen mit eigenen Aussagen. Machen Sie eine Umfrage im Kurs.

	Ja. Ich stimme voll und ganz zu.	Ja und nein. Ich bin unentschieden.	Nein. Das finde ich überhaupt nicht.
Demonstrationsfreiheit ist ein Grundrecht in Deutschland. Das ist eine gute Sache.			
Nur Deutsche dürfen in Deutschland wählen. Migranten können in Vereinen politisch tätig sein. Das reicht doch.			
Von Deutschland aus kann man die Menschen im Heimatland politisch unterstützen.			
Ich war politisch aktiv, aber jetzt will ich nur noch meine Ruhe haben.			
Ich finde, der Beirat für Migration und Integration ist eine sinnvolle Sache.			
…			

> **INFO** Das Demonstrationsrecht ist ein **Grundrecht**. Demonstrationen müssen angemeldet werden. Eine Demonstration kann nur verboten werden, wenn sie die öffentliche Sicherheit gefährdet oder sich gegen die freiheitlich demokratische Grundordnung richtet.

Was bedeuten die beiden Redensarten? Kreuzen Sie an.

1. Er steckt den Kopf in den Sand.
   ☐ Er will ein Problem nicht sehen.
   ☐ Er spielt im Sandkasten.

2. Sie knirscht mit den Zähnen.
   ☐ Sie muss zum Zahnarzt.
   ☐ Sie ärgert sich.

Was bedeutet für Sie der Aufdruck auf dem schwarzen Sweatshirt? Diskutieren Sie im Kurs.

Projekt:
Entwerfen Sie einen Aufdruck für Ihr eigenes T-Shirt.

Papiere, Papiere …

Den Beirat für Migration und Integration wählen

Diese Personen stehen zur Wahl für den Beirat.
Erfinden Sie gemeinsam noch vier Personen
und tragen Sie sie in die Liste ein.

Wählen Sie dann den Beirat im Kurs. Begründen Sie die Wahl.

Darja Ahmatova, geb. 25.08.1955, russisch, Klavierlehrerin
Russische Liste

Veysi Cakici, geb. 03.11.1948, türkisch, Informatiker
Türkische Liste

Luigi Nonno, geb. 24.10.1967, italienisch, Lackierer
Freunde Italiens

Jola Jaworek, geb. 03.03.1985, polnisch, Studentin
Einzelbewerberin

Stimmzettel
für die Mehrheitswahl zum
Beirat für Migration und Integration (Ausländerbeirat)

Sie dürfen höchstens 6 Personen wählen!
Pro Person dürfen Sie maximal eine Stimme vergeben!
Sie vergeben Ihre Stimmen durch Ankreuzen ✗ der Bewerberinnen/Bewerber.

1	Frau	Ahmatova, Darja	Russische Liste	○
2	Herr	Cakici, Veysi	Türkische Liste	○
3	Herr	Nonno, Luigi	Freunde Italiens	○
4	Frau	Jaworek, Jola	Einzelbewerberin	○
5				○
6				○
7				○
8				○

INFO Wahl des Beirats für Migration und Integration
Der **Beirat für Migration und Integration** (Ausländerbeirat) ist die offizielle Vertretung der ausländischen Bevölkerung in ihrer Stadt. Die Beiräte engagieren sich gegen Diskriminierung und für Integration in Kindergarten, Schule und Arbeitsplatz. Sie organisieren auch kulturelle und politische Veranstaltungen usw. Alle Einwohner/innen mit ausländischer Staatsbürgerschaft bekommen eine Einladung zur Wahl. Eingebürgerte Deutsche, Personen mit doppelter Staatsbürgerschaft und Spätaussiedler/innen können sich ins Wählerverzeichnis für die Wahl eintragen lassen.

Projekt:

Holen Sie sich Informationen vom Ausländerbeirat in Ihrer Stadt/Gemeinde. Aus welchen Ländern kommen die Mitglieder? Wann ist die nächste Wahl?

Bei uns und bei euch

Sprechen, sprechen …

Gefühle äußern

Was denken, fühlen oder sagen diese Menschen?

Die Person in Bild A ist unglücklich, weil …

Zu welchem Bild passt welches Gespräch?

1
- Ich bin oft unsicher. Ich frage mich: Wird mein Kind dazugehören?
- Ja, das verstehe ich gut. Ich hoffe, dass meine Kinder sich hier zu Hause fühlen.
- …

2
- Ich fühle mich hier wohl. Ich lebe in zwei Welten, das gefällt mir.
- Ja, mir auch. Und ich fühle mich hier sicher.
- …

3
- Ich mache mir Sorgen um die Zukunft. Werde ich eine gute Arbeit finden?
- Dafür kannst du doch etwas tun. Ist denn dein Berufsabschluss hier anerkannt?
- …

4
- Der Deutschkurs macht mir Spaß. Aber ich möchte auch mit Deutschen sprechen.
- Wir können ja mal zusammen überlegen: Wo kannst du Deutsche kennenlernen?
- …

5
- Ich habe Heimweh. Ich vermisse meine Familie und meine Freunde.
- Ich telefoniere regelmäßig mit meiner Familie. Kannst du denn günstig telefonieren?
- …

Leben in Deutschland – Ergänzen Sie die ▲ in den Gesprächen 1–5.

Ich bin unsicher.	Das verstehe ich gut.
Ich fühle mich (nicht) … wohl/sicher / zu Hause.	Das geht mir auch so.
Ich mache mir Sorgen um …	Dafür/Dagegen kannst du doch etwas tun.
Ich frage mich: …	Wir können ja mal zusammen überlegen.
Ich vermisse …	Kannst du denn …?
Ich finde gut, dass … / Es gefällt mir, dass …	Ja, ich auch. / Ja, mir auch.

136 *einhundertsechsunddreißig*

24

Papiere, Papiere …

E-Mail-Beratung

Man kann sich auch per E-Mail beraten lassen. Das hat Vorteile:
- Man kann zu jeder Tages- und Nachtzeit schreiben.
- Man kann sich viel Zeit nehmen.
- Man kann das Geschriebene noch einmal lesen, bevor man es abschickt.

Meistens bekommt man innerhalb von 48 Stunden eine Antwort.

Wählen Sie eine Beratungsstelle. Bestimmen Sie ein Problem und schreiben Sie eine Anfrage.

Verband binationaler Familien und Partnerschaften
Beratung für deutsch-ausländische Paare, z. B. bei der Eheschließung
www.verband-binationaler.de

Jugend-beratungsstelle
Hilfe zur beruflichen Orientierung, besonders im Übergang von Schule zu Beruf
www.bke-beratung.de

Frauen helfen Frauen *Beratungsstelle*
Unterstützung für Frauen und Mädchen in Konfliktsituationen
www.frauenhelfenfrauen-gl.de

Beratungsstelle für ältere Migrantinnen und Migranten
Informationen und Beratung zum Thema „In der Fremde alt werden"
www.drkfrankfurt.de/cms/index.php?id=185

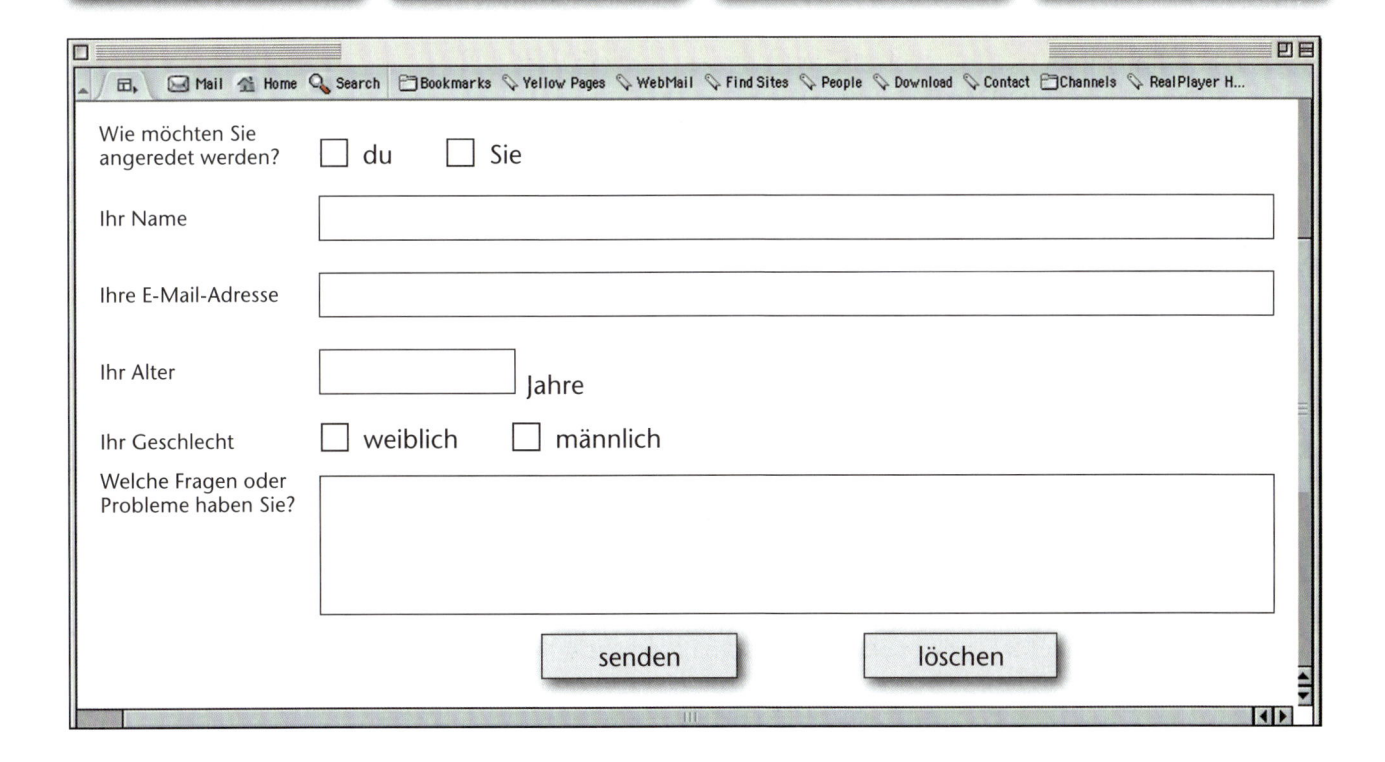

Wie möchten Sie angeredet werden?	☐ du ☐ Sie
Ihr Name	
Ihre E-Mail-Adresse	
Ihr Alter	____ Jahre
Ihr Geschlecht	☐ weiblich ☐ männlich
Welche Fragen oder Probleme haben Sie?	

[senden]   [löschen]

Migration – global

Erzählen Sie: Welche Migrantengruppen gibt es in Ihrem Heimatland?

In die Türkei kommen Migranten aus Afghanistan, dem Irak, dem Iran und …

In den Niederlanden leben viele Menschen aus Indonesien. Sie …

einhundertsiebenunddreißig **137**

Unregelmäßige Verben

ansprechen, spricht an, sprach an, angesprochen 24/10
aufgeben, gibt auf, gab auf, aufgegeben 21/2
aufhalten, hält auf, hielt auf, aufgehalten 24/10
austragen, trägt aus, trug aus, hat ausgetragen 21/1
begreifen, begreift, begriff, begriffen 24/7
besitzen, besitzt, besaß, besessen 24/10
bewerben, bewirbt sich, bewarb sich, hat sich beworben 21/5
bitten, bittet, bat, gebeten 23/5
eintreten, tritt ein, trat ein, ist eingetreten 23/2
empfangen, empfängt, empfing, empfangen 22/1
entscheiden, entscheidet, entschied, entschieden 23/9
erhalten, erhält, erhielt, erhalten 19/8
fliehen, flieht, floh, ist geflohen 24/8
genießen, genießt, genoss, genossen 24/9
herunterladen, lädt herunter, lud herunter, heruntergeladen 22/1
nachdenken, denkt nach, dachte nach, nachgedacht 21/9
offenstehen, steht offen, stand offen, offengestanden 20/10
rausgehen, geht raus, ging raus, ist rausgegangen 24/10
runtertragen, trägt runter, trug runter, runtergetragen 24/12

streiten, streitet sich, stritt sich, hat sich gestritten 20/7
übergeben, übergibt, übergab, übergeben 23/8
umgehen, geht um, ging um, ist umgegangen 22/8
unterhalten, unterhält sich, unterhielt sich, hat sich unterhalten 20
verbieten, verbietet, verbat, verboten 22/8
vergeben, vergibt, vergab, vergeben 23/8
verleihen, verleiht, verlieh, verliehen 23/8
vertreten, vertritt, vertrat, vertreten 22/8
wegwerfen, wirft weg, warf weg, weggeworfen 24/10
widersprechen, widerspricht, widersprach, widersprochen 24/11
wiederfinden, findet wieder, fand wieder, wiedergefunden 24/7
zurückrufen, ruft zurück, rief zurück, zurückgerufen 22/1
zurückziehen, zieht sich zurück, zog sich zurück, hat sich zurückgezogen 20/10
zusammenbringen, bringt zusammen, brachte zusammen, zusammengebracht 20/11
zusammenhalten, hält zusammen, hielt zusammen, zusammengehalten 23/8

Verben mit Präpositionen

Mit Akkusativ

ärgern	über	Er ärgert sich über seinen Kollegen.
bewerben	um	Anna bewirbt sich um eine neue Stelle.
einsetzen	für	Werner setzt sich für den Tierschutz ein.
eintreten	für	Lisa tritt für den Umweltschutz ein.
engagieren	für	Immer weniger Leute engagieren sich für soziale Projekte.
interessieren	für	Ich interessiere mich sehr für Mode.
kümmern	um	Die Politik muss sich um jeden Bürger kümmern.
nachdenken	über	Ich denke oft über das Leben nach.

Mit Dativ

chatten	mit	Gestern habe ich mit meiner Freundin gechattet.
diskutieren	mit	Ich diskutiere gerne mit anderen Menschen.
fliehen	vor	Brecht musste vor den Nazis ins Ausland fliehen.
richten	nach	Ich richte mich ganz nach dir.
streiten	mit	Maria streitet sich oft mit ihren Geschwistern.
unterhalten	mit	Sibylle unterhält sich mit Manuel.

Alphabetische Wortliste

Diese Informationen finden Sie im Wörterverzeichnis:

In der Liste finden Sie die Wörter aus den Kapiteln 19–24 von *Berliner Platz 2 NEU*.

Wo Sie das Wort finden: Kapitel, Nummer der Aufgabe, Seite:
Abteilung, die, -en 20/9, 22

Den Wortakzent: kurzer Vokal • oder langer Vokal –.
finanziell *,* 20/10, 23
Bogen, der, "- 21/6, 31

Bei unregelmäßigen Verben finden Sie den Infinitiv, die 3. Person Singular Präsens, das Präteritum und das Partizip Perfekt:
aufhalten, hält auf, hielt auf, aufgehalten (*Er hält seiner Frau die Tür auf.*) 24/10, 69

Bei Verben, die das Perfekt mit *sein* bilden: Infinitiv, 3. Person Singular Präsens, das Präteritum und Perfekt
fliehen (*vor + D.*), flieht, floh, ist geflohen 24/8, 66

Bei Nomen: das Wort, den Artikel, die Pluralform.
Dienst, der, -e 21/8, 33

Bei Adjektiven: das Wort und die unregelmäßigen Steigerungsformen.
nah(e), näher, am nächsten

Bei verschiedenen Bedeutungen eines Wortes: das Wort und Beispiele.
wenig (1) (*Lukas hat wenig Zeit.*)
wenig- (2) (*Nur wenige Familien haben viele Kinder.*)

Fett gedruckte Wörter gehören zum *Start Deutsch-, Deutsch-Test für Zuwanderer-* bzw. *Zertifikats*-Wortschatz. Diese Wörter müssen Sie auf jeden Fall lernen.

Eine Liste mit unregelmäßigen Verben von *Berliner Platz 2 NEU* finden Sie auf Seite 138.
Eine Liste der Verben mit Präpositionen finden Sie auf Seite 138.

Abkürzungen und Symbole

"	Umlaut im Plural (bei Nomen)
,	keine Steigerung (bei Adjektiven)
(*Sg.*)	nur Singular (bei Nomen)
(*Pl.*)	nur Plural (bei Nomen)
(+ *A.*)	Präposition mit Akkusativ
(+ *D.*)	Präposition mit Dativ
(+ *A./D.*)	Präposition mit Akkusativ oder Dativ

Abbau, der (*Sg.*) 23/2, 54
Abbildung, die, -en 20/1, 16
Abgeordnete, der/die, -n 23, 52
abschicken 22/1, 42
abspielen 21/9, 33
Abteilung, die, -en 20/9, 22
Achtzigerjahre, die (*Pl.*) 22/9, 49
Adjektivendung, die, -en 19/2, 8
Agentur, die, -en (*Agentur für Arbeit*) 21/1, 26
Aggression, die, -en 23/8, 59
aktuell 19/9, 13
akzeptabel 24/10, 68
allergisch 24/3, 64
Alltagsbeschreibung, die, -en 22/1, 43
als (*Als ich Deutsch konnte, …*) 20, 17
Altenpflegeheim, das, -e 21/5, 30
alternativ 23/2, 54
Altpapier, das (*Sg.*) 24/10, 68
amüsieren (sich) 20/7, 20
Anbieter, der, - 22/4, 45
Anerkennung, die (*Sg.*) 24/10, 68
anhören (sich) 20, 25
Angabe, die, -n 22/2, 44
ängstlich 23, 61
Anhang, der, "-e 22/1, 42
Anrede, die, -n 24/10, 68
anreden 24/10, 68

anschalten 22/1, 42
Anschreiben, das, - 21, 34
ansprechen, spricht an, sprach an, angesprochen 24/10, 68
Antrag, der, "-e 23/7, 57
Arbeiterbewegung, die, -en 23/2, 54
Arbeiterpartei, die, -en 23/2, 54
Arbeitgeber, der, - 21/3, 28
Arbeitgeberin, die, -nen 21/3, 28
Arbeitnehmer, der, - 21/3, 28
Arbeitnehmerin, die, -nen 21/3, 28
Arbeitsagentur, die, -en 21/2, 27
Arbeitsklima, das (*Sg.*) 21/4, 29
Arbeitskollege, der, -n 24/10, 68
Arbeitskollegin, die, -nen 24/10, 68
Arbeitslose, der/die, -n 23/5, 56
Arbeitslosengeld, das (*Sg.*) 23/2, 54
Arbeitssuche, die (*Sg.*) 21, 26
Arbeitszeugnis, das, -se 21, 34
ärgern (sich) (*über + A.*) 20/7, 20
Argument, das, -e 22/8, 47
Assimilation, die, -en 20, 25
Atomenergie, die (*Sg.*) 23/2, 54
Aufforderung, die, -en 24/12, 69
aufgeben, gibt auf, gab auf, aufgegeben 21/2, 27
aufgeregt 20/7, 20

aufhalten, hält auf, hielt auf, aufgehalten (*Er hält seiner Frau die Tür auf.*) 24/10, 69
Aufstieg, der, -e 21/7, 31
Aufstiegsmöglichkeit, die, -en 21/7, 31
Ausbildungschance, die, -n 23/8, 58
Ausdrucksweise, die, -n 23, 61
ausgebildet *,* 21, 34
Aushilfe, die, -n 21/1, 27
Ausländerbeauftragte, der/die, -n 23, 57
Ausländerbeirat, der, "-e 23, 57
ausländisch *,* 20/11, 23
ausreden 23/4, 55
ausschalten 24/10, 68
ausschließlich 22/9, 49
ausspucken 24/2, 63
ausstrahlen 22/9, 48
austragen, trägt aus, trug aus, ausgetragen (*Simon trägt Zeitungen aus.*) 21/1, 27
Auszubildende, der/die, -n 19/5, 10
Badminton, das (*Sg.*) 21/9, 33
BAföG, das (*Sg.*) (= Bundesausbildungsförderungsgesetz) 21/5, 30
Basketball, das (*Sg.*) 20/6, 19
Bau, der (*Sg.*) 21/1, 27
Beamte, der, -n 23/7, 57
Beamtin, die, -nen 23/7, 57

einhundertneununddreißig **139**

bearbeiten 23/7, 57
bedeuten 19/5, 10
bedienen (sich) (*Bedienen Sie sich!*) 24/5, 65
begreifen, begreift, begriff, begriffen 24/7, 66
Begriff, der, -e 23/5, 56
Behinderte, der/die, -n 20, 21
Benehmen, das (*Sg.*) 24/2, 63
Berufsanfänger, der, - 21/4, 29
Berufsanfängerin, die, -nen 21/4, 29
Berufsberatung, die, -en 23/8, 58
Berufsbiografie, die, -n 21/5, 30
Berufserfahrung, die, -en 21, 34
Berufspraktikum, das, -praktika 23/8, 58
Berufswunsch, der, "-e 21/7, 31
Beschäftigung, die, -en 21/5, 30
besetzt *,* 21/3, 28
besitzen, besitzt, besaß, besessen 24/10, 68
besonder- *,* 19/7, 11
besorgen 19/2, 8
betonen 21, 34
betrachten 24/7, 66
Betrag, der, "-e 22/4, 45
bevor 24/3, 64
bewerben (sich) (um + A.), bewirbt sich, bewarb sich, hat sich beworben 21/5, 30
Bewerbungsmappe, die, -n 21/6, 31
Bewerbungsunterlage, die, -n 21/1, 26
bewerten 24/10, 68
bezahlbar *,* 22/9, 48
Bezugswort, das, "-er 21, 35
Biken, das (*Sg.*) 21/5, 30
Biologiestudium, das (*Sg.*) 21, 34
Bio-Müll, der (*Sg.*) 24/10, 68
bisher 23/2, 54
bitten, bittet, bat, gebeten 23/5, 56
Blatt, das, "-er (*Im Herbst fallen Blätter von den Bäumen.*) 24/9, 67
Blickkontakt, der, -e 24/8, 66
Blog, der, -s 22/1, 42
bloggen 22, 50
blond 19/3, 9
Blumenstrauß, der, "-e 19/2, 8
Bogen, der, "- 21/6, 31
Bolzplatz, der, "-e 20/10, 23
Boutique, die, -n 19/5, 10
Brücke, die, -n 23/8, 58
Bund, der, "-e 23, 52
Bundesadler, der, - 23, 52
Bundesbürger, der, - 20, 24
Bundesbürgerin, die, -nen 20, 24
Bundeskanzler, der, - 23, 53
Bundeskanzlerin, die, -nen 23, 53
Bundespräsident, der, -en 20/9, 22
Bundespräsidentin, die, -nen 20/9, 22
Bundesregierung, die, -en 23, 52
Bundesrepublik, die, -en 23, 52
Bundesstaat, der, -en 23, 53
Bundestagswahl, die, -en 23, 52
Bündnis, das, -se 23/2, 54
Bürger, der, - 22/8, 47
Bürgerin, die, -nen 22/8, 47

Bürgerinitiative, die, -n 20, 24
Bürgermeister, der, - 23, 52
Bürgermeisterin, die, -nen 23, 52
Bürokram, der (*Sg.*) 21/9, 33
chatten (mit + D.) 22, 50
checken 22, 50
christlich *,* 23/2, 54
Computerunterricht, der (*Sg.*) 22/8, 47
Container, der, - 24/10, 68
Contra, das, -s 22/8, 47
Darstellung, die, -en 21/6, 31
dass-Satz, der, "-e 24, 71
Dativendung, die, -en 24/4, 64
dauernd 20/7, 20
Decke, die, -n (*Mein Bett hat eine rote Decke.*) 19/2, 8
decken 24/3, 64
demokratisch 23, 53
deutschsprachig *,* 24/8, 66
Deutschunterricht, der (*Sg.*) 23/3, 55
Dialektik, die, -en 24/7, 66
Dialoganfang, der, "-e 24/1, 63
Dienst, der, -e 21/8, 33
digital 20, 17
Ding, das, -e 21/9, 33
Diskriminierung, die, -en 23/5, 56
Diskussion, die, -en 23/8, 58
diskutieren (mit + D.) 21/9, 33
Display, das, -s 22/4, 45
distanziert 24/10, 68
Dorf, das, "-er 23, 57
downloaden 22, 50
dreißigjährig *,* 21/8, 33
dreistündig *,* 22/9, 48
Duft, der, "-e 24/9, 67
eben 21/9, 33
Ebene, die, -n 24/10, 68
eckig 19/3, 9
ehemalig 22/9, 49
ehren 23/8, 58
Ehrenamt, das, "-er 23/8, 58
ehrenamtlich 23/8, 58
Einfluss, der, "-e 23/2, 54
eingeschaltet *,* 24/2, 63
Einheit, die, -en (*„Tag der deutschen Einheit"*) 23, 53
Einsatz, der, "-e 23/8, 58
einsetzen (sich) (für + A.) 23/8, 58
Einstellungstest, der, -s 21/8, 32
eintreten (für + A.), tritt ein, trat ein, ist eingetreten (*Lisa tritt für Umweltschutz ein.*) 23/2, 54
Einzelmensch, der, -en 23/8, 59
Emotion, die, -en 24/8, 66
emotional 23, 61
empfangen, empfängt, empfing, empfangen 22/1, 42
Endspiel, das, -e 22/9, 48
Energie, die, -n 23/2, 54
engagieren (sich) (für + A.) 20/11, 23
Enkel, der, - 19/1, 7
Enkelin, die, -nen 19/1, 7

Enkelkind, das, -er 19/1, 7
entdecken 20/10, 23
entgegenkommend 23/4, 55
entscheiden, entscheidet, entschied, entschieden 23/9, 59
entwickeln 20/10, 23
Ereignis, das, -se 22/9, 49
erfolgreich 19/10, 13
erhalten, erhält, erhielt, erhalten 19/8, 12
Erhöhung, die, -en 21/7, 31
erkämpfen 24/10, 68
erledigen 21/9, 33
ernähren 21/4, 29
ernst 19/9, 13
essbar *,* 22, 51
Europacup-Sieger, der, - 20/9, 22
Europacup-Siegerin, die, -nen 20/9, 22
Europapokal, der, -e 20/9, 22
Fabrik, die, -en 21/1, 27
Fahrradwerkstatt, die, "-en 21/5, 30
Fan-Meile, die, -n 22/9, 49
Farbberatung, die, -en 19/2, 8
Farbfernseher, der, - 22/9, 48
farbig 22/9, 48
feierlich 23, 61
Feiertag, der, -e 23, 53
Fernsehanbieter, der, - 22/9, 49
Fernsehempfang, der (*Sg.*) 22/9, 48
Fernsehgerät, das, -e 22/9, 48
Fernsehgewohnheit, die, -en 22/6, 46
Fernsehkonsum, der (*Sg.*) 22/9, 48
fernsehlos *,* 22/8, 47
Fernsehsender, der, - 22/6, 46
Fernsehstube, die, -n 22/9, 48
Fernsehzeitschrift, die, -en 22/5, 45
fest (*Ich suche eine feste Arbeitsstelle.*) 21/1, 26
Festplatte, die, -n 22/1, 42
Feuer, das, - 21/8, 32
Feuerwehrauto, das, -s 21/8, 32
Feuerwehrmann, der, "-er 21/8, 32
Feuerwehrfrau, die, -en 21/8, 32
Feuerwehr-Olympiade, die, -n 21/8, 32
finanziell *,* 20/10, 23
finanzieren 22/9, 49
Flatrate, die, -s 22/4, 45
fliehen (vor + D.), flieht, floh, ist geflohen 24/8, 66
Flimmerkiste, die, -n 22/9, 48
formulieren 20/3, 18
Fortbildung, die, -en 21/9, 33
Forum, das, Foren 23/8, 58
Fotografie, die (*Sg.*) 20, 17
Fotografiekurs, der, -e 20, 17
fotografieren 22/4, 45
Frauenfußball, der (*Sg.*) 20/9, 22
Frauennationalmannschaft, die, -en 20/10, 23
Freiheit, die, -en 23/2, 54
freiwillig *,* 23/8, 58
Freizeitaktivität, die, -en 20/1, 17
Freizeitmöglichkeit, die, -en 20, 21
Freizeitverein, der, -e 20, 24

Freizeitzentrum, das, -zentren 21/5, 30
freudig 23, 61
Freundeskreis, der, -e 20, 16
Freundlichkeit, die, -en 24, 70
Frieden, der (Sg.) 24/9, 67
friedlich 23, 53
Friseur, der, -e 19/5, 10
Friseurin, die, -nen 19/5, 10
Frisur, die, -en 19/1, 6
furchtbar 19/2, 8
Fußballclub, der, -s 20/9, 22
Fußballer, der, - 20/9, 22
Fußballerin, die, -nen 20/9, 22
Fußballnationalmannschaft, die, -en 20/9, 22
Fußballspieler, der, - 20/11, 23
Fußballspielerin, die, -nen 20/11, 23
Fußballverein, der, -e 20/9, 22
Fußballweltmeister, der, - 20/9, 22
Fußballweltmeisterschaft, die, -en 22/9, 48
Fußball-WM, die, -s 22/9, 49
gähnen 24/2, 63
Garderobe, die, -n 24/5, 65
Gastgeber, der, - 24/2, 63
Gastgeberin, die, -nen 24/2, 63
Gastgeschenk, das, -e 24/3, 64
Gaststätte, die, -n 22/9, 48
Gebrauch, der (Sg.) 21, 35
Gedicht, das, -e 24/7, 66
Gehaltserhöhung, die, -en 21/7, 31
gelangweilt 23, 61
Gemeinderat, der, "-e 23, 52
Gemeinderatswahl, die, -en 23, 52
Gemeindesaal, der, "-e 22/9, 48
genehmigen 23/7, 57
genießen, genießt, genoss, genossen 24/9, 67
Genus, das, Genera 21, 35
gepflegt 19/5, 10
gepunktet *,* 19/5, 10
Gerechtigkeit, die (Sg.) 23/2, 54
Gesamtpunktzahl, die, -en 24/6, 65
Gesangverein, der, -e 20/8, 21
Gesellschaft, die, -en 23/8, 58
gesellschaftlich *,* 22, 50
Gesetz, das, -e 23, 53
Gesprächspartner, der, - 24/2, 63
Gesprächspartnerin, die, -nen 24/2, 63
Gesundwerden, das (Sg.) 23/9, 59
gewaltfrei *,* 23/8, 58
Gewerkschaft, die, -en 23/2, 54
Gewinner, der, - 23/8, 58
Gewinnerin, die, -nen 23/8, 58
glatt 19/3, 9
Gleichberechtigung, die (Sg.) 23/2, 54
googeln 22/1, 42
Grenze, die, -n 23, 53
Grill, der, -s 24/3, 64
Großbildschirm, der, -e 22/9, 49
Grundschüler, der, - 23/8, 58
Grundschülerin, die, -nen 23/8, 58
Guthaben, das, - 22/4, 45
Handball, das (Sg.) 20/9, 22

Handtuch, das, "-er 20/6, 19
Handwerker, der, - 21/8, 32
Handwerkerin, die, -nen 21/8, 32
Handy-Anbieter, der, - 22/4, 45
Handygespräch, das, -e 24/10, 68
Handy-Karte, die, -n 22/4, 45
Hauptschüler, der, - 23/8, 58
Hauptschülerin, die, -nen 23/8, 58
Hautfarbe, die, -n 23/8, 58
hellblau *,* 19/2, 8
hellgrün *,* 19/5, 10
Herbstlaub, das (Sg.) 24/9, 67
herunterladen, lädt herunter, lud herunter, heruntergeladen 22/1, 42
heutig- *,* 23, 53
Himmel, der, - 24/9, 67
hinstellen 19/2, 8
Hobby, das, -s 19/1, 6
höflich 24/12, 69
Hosenanzug, der, "-e 19/5, 10
Humor, der (Sg.) 19/9, 13
husten 24/2, 63
Hut, der, "-e 19/2, 8
imitieren 23/4, 55
Indefinitum, das, Indefinita 20, 25
Informationsbroschüre, die, -n 20, 21
insgesamt 20/9, 22
Institution, die, -en 23/1, 53
intelligent 19/1, 6
Interesse, das, -n 19/3, 9
interessieren (sich) (für + A.) 19/6, 11
interkulturell *,* 23/8, 58
Interviewfrage, die, -n 20/11, 23
Intoleranz, die (Sg.) 23/5, 56
irgendetwas 24/3, 64
jährlich *,* 23/8, 58
jeweils 23/8, 58
Jury, die, -s 23/8, 58
Kabel, das, - 22/9, 49
Kaiser, der, - 20/9, 22
Kamm, der, "-e 20/6, 19
kämpfen 23/2, 54
Karriere, die, -n 21/5, 30
Karrieremöglichkeit, die, -en 21/5, 30
Kassierer, der, - 21/1, 27
Kassiererin, die, -nen 21/1, 27
Kategorie, die, -n 23/1, 53
Kegeln, das (Sg.) 20/9, 22
Kindergeld, das (Sg.) 23/7, 57
Kindergeldantrag, der, "-e 23/7, 57
Kindermärchen, das, - 24/9, 67
klassisch 24/9, 67
Kleiderordnung, die, -en 24/10, 68
Kleiderschrank, der, "-e 19/2, 8
Kneipe, die, -n 20, 16
knüpfen (Sarah knüpft schnell Kontakte.) 20/8, 21
Koalition, die, -en 23, 52
Kochclub, der, -s 20/7, 20
Kochkurs, der, -e 20, 17
Kochschürze, die, -n 20/7, 20
kombinieren 19/2, 8

Kompliment, das, -e 19/7, 11
König, der, -e 22/9, 48
Königin, die, -nen 22/9, 48
konkret 23/7, 57
konservativ 19/1, 6
Kontaktadresse, die, -n 23, 57
Kontaktanzeige, die, -n 19/10, 13
kontrollierbar *,* 22/8, 47
Kopie, die, -n 21, 34
Körperpflege, die (Sg.) 19/5, 10
Kosmetikberatung, die, -en 19/6, 11
Krabbelgruppe, die, -n 21/5, 30
Krönung, die, -en 22/9, 48
Küchenhilfe, die, -n 21/1, 27
kümmern (sich) (um + A.) 23/2, 54
Kursstatistik, die, -en 22/3, 44
küssen 24/9, 67
Lagerarbeit, die, -en 21/5, 30
Lagerarbeiter, der, - 21/1, 27
Lagerarbeiterin, die, -nen 21/1, 27
Länderspiel, das, -e 20/9, 22
Landesmeister, der, - 20/9, 22
Landesparlament, das, -e 23, 53
Landesregierung, die, -en 23, 52
Landtag, der, -e 23, 52
Landtagswahl, die, -en 23, 52
langweilen (sich) 20/7, 20
laut (Laut Statistik sehen die Deutschen wenig DVDs.) 22/2, 44
Lautstärke, die, -n 23/4, 55
Lehrerausbildung, die, -en 21, 34
Leistung, die, -en 23/9, 59
leiten 20/10, 23
Lerner, der, - 24/9, 67
Lernerin, die, -nen 24/9, 67
Lesung, die, -en 23/8, 58
liberal 23/2, 54
lieben 19/1, 6
liebevoll 23, 61
Lieblingskurs, der, -e 20/7, 21
Lieblingswein, der, -e 24/3, 64
Lippenstift, der, -e 19/3, 9
live 22/9, 48
Liveübertragung, die, -en 22/9, 49
lockig 19/3, 9
logisch 22/9, 48
Lohn, der, "-e 21/4, 29
löschen 21/8, 32
lösen 23/5, 56
Macht, die, "-e 23, 53
Mailbox, die, -en 22/1, 42
mailen 22/1, 42
Make-up, das, -s 19/5, 10
Mannschaft, die, -en 20/10, 23
Maschinenbau, der (Sg.) 21/5, 30
Medien, die (Pl.) 22, 42
Mehrheit, die, -en 23, 53
Meisterschaft, die, -en 20/9, 22
Million, die, -en 22/9, 48
Mini, der, - 19/2, 8
Minister, der, - 23, 52
Ministerin, die, -nen 23, 52

Ministerpräsident, der, -en 23, 52
Ministerpräsidentin, die, -nen 23, 52
Mitbürger, der, - 20/11, 23
Mitbürgerin, die, -nen 20/11, 23
miterleben 22/9, 49
Mitglied, das, -er 20/7, 20
mitmachen 22/8, 47
Mittelpunkt, der, -e 23/8, 58
Mode, die, -n 19/5, 10
Mode-Umfrage, die, -n 19/6, 11
Modezeitschrift, die, -en 19/5, 10
modisch 19/1, 6
monatlich *,* 22/4, 45
Mond, der, -e 24/9, 67
Mondlicht, das (Sg.) 24/9, 67
Mountainbike, das, -s 21/5, 30
Mülleimer, der, - 24/10, 68
Müllproblem, das, -e 24/10, 69
mündlich *,* 21/8, 32
Musikveranstaltung, die, -en 23/8, 58
Mut, der (Sg.) 19/9, 13
nachdenken (über + A.), denkt nach,
    dachte nach, nachgedacht 21/9, 33
nachher 20/6, 19
Nachricht, die, -en (die Nachrichten im Radio
    oder Fernsehen) 22/3, 44
nachschauen 21/1, 26
Nachtdienst, der, -e 21/5, 30
Nähkurs, der, -e 20, 17
Nation, die, -en 23/8, 58
national *,* 20/9, 22
Nationalfeiertag, der, -e 23/1, 53
Nationalmannschaft, die, -en 20/9, 22
Nazi, der, -s 24/8, 66
Nebenjob, der, -s 21/1, 26
Nebensache, die, -n 20/9, 22
negativ 24/10, 68
Netz, das, -e (Ich komme zurzeit nicht ins
    Netz.) 22/1, 42
Neue, der/die, -n 20/7, 20
neugierig 19/8, 12
niedrig 23/2, 54
Niveau, das, -s 20/10, 23
Normalbürger, der, - 22/9, 48
Normalbürgerin, die, -nen 22/9, 48
offenstehen, steht offen, stand offen,
    offengestanden 20/10, 23
Öffentlichkeit, die (Sg.) 22/9, 49
offiziell 20/9, 22
olympisch *,* (die Olympischen Spiele) 22/9, 48
online 22/1, 42
Online-Shopping, das (Sg.) 22/8, 47
Opposition, die, -en 23, 52
Ostfernsehen, das (Sg.) 22/9, 49
östlich 23, 53
out (Wegwerfen ist out.) 24/10, 68
Outfit, das, -s 19/6, 11
Papier, das, -e 22/3, 44
Parlament, das, -e 23, 52
Partei, die, -en 23, 52
Parteifarbe, die, -n 23/2, 54
Passfoto, das, -s 21/1, 26

peinlich 24/2, 63
perfekt 19/7, 11
Persönlichkeit, die, -en 19/5, 10
Pflanze, die, -n 24/7, 66
Planung, die, -en 24/3, 64
Plastik, das (Sg.) 24/10, 68
Plastikabfall, der, "-e 24/10, 68
Pleite, die, -n 21/5, 30
Pokal, der, -e 20/9, 22
Pokalsieg, der, -e 20/9, 22
Pokalsieger, der, - 20/9, 22
Pokalsiegerin, die, -nen 20/9, 22
Pokalwettbewerb, der, -e 20/9, 22
Politik, die (Sg.) 20/11, 23
Politikquiz, das (Sg.) 23/1, 53
Politikwort, das, "-er 23, 52
politisch 23, 53
populär 22/9, 48
Präsident, der, -en 20/9, 22
Präsidentin, die, -nen 20/9, 22
Präteritumform, die, -en 23/7, 57
Preisträger, der, - 23/8, 58
Preisträgerin, die, -nen 23/8, 58
Preisverleihung, die, -en 23/8, 58
prepaid *,* 22/4, 45
prinzipiell 24/10, 68
Privatfernsehen, das (Sg.) 22/9, 49
Privatsache, die, -n 22/8, 47
Privatsphäre, die (Sg.) 22/8, 47
Profifußballer, der, - 20/9, 22
Profifußballerin, die, -nen 20/9, 22
Programmhöhepunkt, der, -e 22/9, 48
Public Viewing, das (Sg.) 22/9, 49
Publikum, das (Sg.) 24/8, 66
Putzhilfe, die, -n 21/1, 27
Radiowecker, der, - 22/1, 43
rasieren (sich) 20/7, 20
rausgehen, geht raus, ging raus, ist
    rausgegangen 24/10, 68
Reaktion, die, -en 23/7, 57
recyceln 24/10, 68
Recycling, das (Sg.) 24/10, 69
Reflexivpronomen, das, - 20/7, 20
regeln 22/8, 47
regieren 23/2, 54
Regierung, die, -en 22/9, 49
Regierungspartei, die, -en 23, 52
reich 19/10, 13
Reichtagsgebäude, das, - 23, 53
relativ (Ivan bekommt ein relativ schlechtes
    Gehalt.) 21/5, 30
Relativpronomen, das, - 21/6, 31
Relativsatz, der, "-e 21/6, 31
Rente, die, -n 23/2, 54
Reparatur, die, -en 21/9, 33
Republik, die, -en 23, 53
Respekt, der (Sg.) 24/10, 68
respektvoll 23/8, 58
Restmüll, der (Sg.) 24/10, 68
Rettungskurs, der, -e 21/8, 32
Revolution, die, -en 23, 53
richten (sich) (nach + D.) 20/7, 21

romantisch 19/10, 13
Rücksicht, die (Sg.) 23/5, 56
rülpsen 24/2, 63
Runde, die, -n 19/2, 9
Rundfunk, der (Sg.) 22/9, 48
Rundfunkgebühr, die, -en 22/9, 48
runtertragen, trägt runter, trug runter,
    runtergetragen 24/12, 69
sachlich 24/8, 66
Sanitäter, der, - 21/8, 32
Sanitäterin, die, -nen 21/8, 32
Satellit, der, -en 22/9, 49
Satzanfang, der, "-e 23/3, 55
Schach, das (Sg.) 20/9, 22
Schachbrett, das, -er 20, 16
Schachclub, der, -s 20, 16
schick 19/1, 6
schmatzen 24/2, 63
schmecken 24/5, 65
schminken 19/5, 10
schmutzig 24/10, 68
Schönheit, die, -en 19/5, 10
schriftlich *,* 21/8, 32
Schriftsteller, der, - 24/8, 66
Schriftstellerin, die, -nen 24/8, 66
Schutz, der (Sg.) 23/2, 54
selbstverständlich 24/5, 65
Semester, das, - 20, 17
Senat, der, -e 23, 53
senden 22/9, 48
Sendung, die, -en 22/1, 42
Seniorenfußball, der (Sg.) 20/9, 22
Seniorenheim, das, -e 21/5, 30
shoppen 19/1, 6
simsen (Ich simse dir später.) 22, 50
Single-Frau, die, -en 20/7, 20
sinnvoll 23/5, 56
Sitz, der, -e 23, 53
skypen 22/1, 42
solidarisch 23/8, 58
Sonnenschein, der (Sg.) 24/9, 67
sonstig- *,* 20, 21
sozialdemokratisch 23/2, 54
sozialkritisch 24/8, 66
Sozialleistung, die, -en 23/2, 54
Speiserest, der, -e 24/10, 68
Spieler, der, - 20/9, 22
Spielerin, die, -nen 20/9, 22
Sportabteilung, die, -en 20/9, 22
Sportart, die, -en 20/3, 18
Sportfest, das, -e 21/8, 32
sportlich 19/1, 6
Sportmanager, der, - 20/11, 23
Sportmanagerin, die, -nen 20/11, 23
Sportverein, der, -e 20/2, 17
Sprachinstitut, das, -e 22, 47
Sprachlernprogramm, das, -e 22, 47
Sprachunterricht, der (Sg.) 23/5, 56
Sprecher, der, - 23/4, 55
Sprecherin, die, -nen 23/4, 55
Sprechgeschwindigkeit, die, -en 23/4, 55
Staatsausgabe, die, -n 23/2, 54

Staatsbürger, der, - 21/8, 32
Staatsbürgerin, die, -nen 21/8, 32
Staatschef, der, -s 23/2, 54
Staatschefin, die, -nen 23/2, 54
Staatsoberhaupt, das, "-er 23, 53
Stadtrat, der, "-e 23, 52
Stadtratswahl, die, -en 23, 52
Stadtverwaltung, die, -en 21/4, 29
Stärke, die, -n 21, 34
starten 22/9, 49
Statistik, die, -en 22/2, 44
Stellenangebot, das, -e 21/5, 30
Steuer, die, -n 23/2, 54
Stift, der, -e 22/3, 44
Stimmung, die, -en 24/8, 66
stören 24/10, 68
streiten (sich) (mit + D.), streitet sich,
    stritt sich, hat sich gestritten 20/7, 21
streng 24/10, 69
Suche, die, -n 23/8, 58
surfen (*im Internet surfen*) 22, 50
sympathisch 19/1, 6
tabellarisch 21/5, 30
tagen (*Wo tagt der Senat?*) 23, 57
Tagesschau, die, -en 22/9, 49
Tageszeitung, die, -en 22/2, 44
Tanzabend, der, -e 21/5, 30
Tarif, der, -e 22/4, 45
Tätigkeit, die, -en 21/4, 29
Taxiunternehmen, das, - 21/1, 27
Teamchef, der, -s 20/9, 22
Teamchefin, die, -nen 20/9, 22
Techniker, der, - 21/1, 27
Technikerin, die, -nen 21/1, 27
Textstelle, die, -n 21/6, 31
Theaterstück, das, -e 24/8, 66
These, die, -n 22/8, 47
Tischdekoration, die, -en 24/3, 64
Tischtennis, das (*Sg.*) 20, 16
Tod, der, -e 24/8, 66
tolerieren 23/5, 56
Ton, der, "-e 24/10, 68
Touchscreen, der, -s 22/4, 45
Training, das, -s 20/10, 23
Traum, der, "-e 24/9, 67
Traumberuf, der, -e 21/8, 33
träumerisch 24/8, 66
Traumpaar, das, -e 19/9, 13
Turnen, das (*Sg.*) 20/9, 22
Turnhalle, die, -n 22/9, 48
twittern 22/1, 42
übergeben, übergibt, übergab,
    übergeben (*Der Minister hat einen Preis
    übergeben.*) 23/8, 59
überraschen 20/7, 21
überrascht 23, 61
übrigens 22/9, 48
Umfrageergebnis, das, -se 24/2, 63
umgehen, geht um, ging um, ist
    umgegangen 22/8, 47

umgekehrt 23, 53
umschalten 22/1, 42
Umwelt, die (*Sg.*) 23/3, 55
Umweltpolitik, die (*Sg.*) 23/3, 55
undenkbar 22/9, 48
unfreundlich 24/12, 69
ungeduldig 23, 61
ungewöhnlich 20/10, 23
unhöflich 24/10, 69
Union, die, -en 23/2, 54
unmöglich 24/10, 69
unordentlich 24/10, 68
Unsinn, der (*Sg.*) 22/8, 47
Untergang, der, "-e 24/9, 67
unterhalten (sich) (mit + D.), unterhält sich,
    unterhielt sich, hat sich unterhalten 20, 17
Unterhaltung, die, -en 22/9, 48
Unternehmer, der, - 19/10, 13
Unternehmerin, die, -nen 19/10, 13
unterstützen 21/5, 30
Unterstützung, die, -en 21/3, 28
unterwegs 21/9, 33
unzufrieden 21/5, 30
up to date 19/5, 10
USB-Stick, der, -s 22/1, 42
Variante, die, -n 22/9, 49
Veranstaltung, die, -en 24/2, 63
verbieten, verbietet, verbat, verboten 22/8,
    47
Vereinsmitglied, das, -er 20/11, 23
verfolgt *,* 23/3, 55
vergeben, vergibt, vergab, vergeben
    23/8, 59
Vergnügung, die, -en 24/7, 66
Verhaltensweise, die, -n 24/2, 63
verhindern 22/9, 49
Verkehrsmeldung, die, -en 22/7, 46
verlangen 24/10, 68
verleihen, verleiht, verlieh, verliehen
    23/8, 58
vermitteln 21/5, 30
vermögend 19/10, 13
Verpackungsabteilung, die, -en 21, 34
versenden 24/2, 63
versorgen 21/8, 32
Vertrag, der, "-e 22/4, 45
vertreten, vertritt, vertrat, vertreten
    22/8, 47
Vogel, der, "- 24/9, 67
Vorliebe, die, -n 19/1, 6
Vorschrift, die, -en 24/10, 68
Vorstellungsgespräch, das, -e 21, 34
Vortrag, der, "-e 23/8, 58
Wahl, die, -en 23/1, 53
Wahlplakat, das, -e 23/2, 54
wahrscheinlich 23/2, 54
Wappentier, das, -e 23, 52
Website, die, -s 21/2, 27

Wechsel, der, - 24/7, 66
wegschicken 21/6, 31
wegwerfen, wirft weg, warf weg,
    weggeworfen 24/10, 68
weiblich 19/9, 13
weltbekannt 20/9, 22
Weltkrieg, der, -e 23, 53
Weltmeister, der, - 20/9, 22
Weltmeisterin, die, -nen 20/9, 22
Weltmeisterschaft, die, -en 20/9, 22
Weltpokal, der, -e 20/9, 22
Werbefachmann, der, "-er 19/5, 10
Werbefachfrau, die, -en 19/5, 10
Werbung, die, -en 19/10, 13
Westfernsehen, das (*Sg.*) 22/9, 49
Wetterbericht, der, -e 22/7, 46
widersprechen, widerspricht, widersprach,
    widersprochen 24/11, 69
Widerspruch, der, "-e 24/10, 69
wiederfinden, findet wieder, fand wieder,
    wiedergefunden 24/7, 66
Wiederholung, die, -en 24, 71
Wirtschaft, die, -en 23/2, 54
Wirtschaftspolitik, die (*Sg.*) 23/2, 54
WM-Finale, das, WM-Finals 22/9, 49
Wochenschau, die, -en 22/9, 48
Wodka, der, -s 24/2, 63
Wohngeld, das, -er 23/7, 57
Wortbildung, die, -en 22, 51
wunderbar 24/5, 65
wunderschön 19/2, 8
wundervoll 19/7, 11
wütend 23/7, 57
W-Wort, das, "-er 22, 51
zappen 22/1, 42
Zeitgefühl, das, -e 24/6, 65
zensieren 22/9, 49
Zeugniskopie, die, -n 21/1, 26
Zuhörer, der, - 24, 71
Zuhörerin, die, -nen 24, 71
zurückrufen, ruft zurück, rief zurück,
    zurückgerufen 22/1, 42
zurückziehen (sich), zieht sich zurück,
    zog sich zurück, hat sich
    zurückgezogen 20/10, 23
zusammenbringen, bringt zusammen,
    brachte zusammen,
    zusammengebracht 20/11, 23
zusammenhalten, hält zusammen, hielt
    zusammen, zusammengehalten 23/8, 58
zuschauen 20, 17
Zuschauer, der, - 22/9, 48
Zuschauerin, die, -nen 22/9, 48
Zustimmung, die, -en 24/10, 69
Zuwanderer, der, - 23/2, 54
Zuwanderin, die, -nen 23/2, 54
Zwang, der, "-e 24/10, 69

einhundertdreiundvierzig **143**

Quellenverzeichnis

Fotos, die im Folgenden nicht aufgeführt sind: Vanessa Daly
Karte auf der vorderen Umschlagsinnenseite: Polyglott-Verlag München

S. 6	B Fotolia.com; D Patrizia Tilly – Fotolia.com
S. 7	2 Christiane Lemcke; 3 Sibylle Freitag; 4 Annalisa Scarpa-Diewald
S. 10	A EvaRodi ISO K-photography – Fotolia.com; C Sabine Reiter; Fotos unten: Veronika Grießl
S. 13	Annerose Bergmann
S. 16	Foto Park: Lutz Rohrmann
S. 17	2 Lutz Rohrmann; 3 Mannheimer Abendakademie und Volkshochschule GmbH; 4 Andrea Leone – iStockphoto
S. 18	oben und Mitte: Lutz Rohrmann; unten: Pavel Losevsky – Fotolia.com
S. 20	laif
S. 21	Mann: Shutterstock.com; Volleyball: Look; Tanzschule: A. Buck
S. 22	Getty Images
S. 23	oben: picture-alliance / dpa; unten: iStockphoto
S. 24	picture-alliance / Globus Infografik
S. 27	Ullstein Bild
S. 28	Zsolt Nyulaszi – iStockphoto
S. 29	links: Trevor Goodwin – Fotolia.com; Mitte: Langenscheidt Bildarchiv; rechts: shutterstock.com
S. 30	A iphoto – Fotolia.com; B shutterstock.com; C Inger Anne Hulbækdal – Fotolia.com; D Liane M. – Fotolia.com
S. 32	unten: Rupert Rasenberger; restliche Fotos: Archiv Bild und Ton
S. 36	Kartenausschnitt: Polyglott-Verlag, München; A links: Transit; rechts: Gewandhausorchester unter Leitung von Herbert Blomstedt im Großen Saal des GWH Leipzig, © D. Fischer – stadtphoto.de; B Mit freundlicher Genehmigung von Auerbachs Keller; Logo Melitta: Mit freundlicher Genehmigung der Unternehmensgruppe Melitta
S. 37	C Süddeutsche Zeitung Photo; D cHesse – Fotolia.com; E Buchmesse innen Leipziger Messe GmbH; Logo Leipziger Messe: Mit freundlicher Genehmigung der Leipziger Messe GmbH
S. 38	Archiv Bild und Ton
S. 39	moodboard – Fotolia.com
S. 40	DVD Berliner Platz 2 NEU
S. 43	8 Lutz Rohrmann
S. 44	Lutz Rohrmann
S. 46	untere Reihe: A Benicce – Fotolia.com; B Fotolia.com; C Guido Freitag; D Gordon Grand – Fotolia.com
S. 47	Morgan Lane Photography – shutterstock.com
S. 48	Süddeutsche Zeitung Photo
S. 49	oben: Getty Images
S. 50	von links nach rechts: Viktor Mildenberger – pixelio.de; Annerose Bergmann; Sibylle Freitag
S. 52	Andrea Bienert © Bundesdienststelle Berlin
S. 53	Süddeutsche Zeitung Photo
S. 54	Lutz Rohrmann
S. 55	Sibylle Freitag
S. 56	Anna Batrla
S. 57	Lutz Rohrmann
S. 58	1 Staatskanzlei Rheinland-Pfalz, Leitstelle Bürgergesellschaft und Ehrenamt, www.wir-tun-was.de; 2 Angela Kilimann; 3 FORUM EINE WELT e. V., www.forum1welt.de
S. 59	A Artur; B bilderbox – Fotolia.com; C wikimedia, creative commons von Alien; D wikimedia public domain
S. 62	A imagetrust; B Annalisa Scarpa-Diewald; D Mauritius Images
S. 63	E Sibylle Freitag; G Annerose Bergmann
S. 64	A shutterstock.com; B Lutz Rohrmann; C Veronika Grießl
S. 65	Helen Schmitz
S. 66	Bertolt Brecht, Gedicht *Vergnügungen* aus: Bertolt Brecht, Gedichte 7: © Suhrkamp Verlag, Frankfurt am Main 1964; oben: Oskar Kokoschka *Der Marktplatz zu Bremen*, 1961 © VG Bild-Kunst, Bonn 2009; unten: Gabriele Münter *Staffelsee*, 1932, © VG Bild-Kunst, Bonn 2009
S. 68	1 Langenscheidt Bildarchiv; 2 und 4 Annerose Bergmann; 5 Annalisa Scarpa-Diewald
S. 69	Irina Lewy: Doreen Salcher – Fotolia.com
S. 70	Lutz Rohrmann
S. 72	A Patrik Dietrich – shutterstock.com; B Tourismus+Congress GmbH Frankfurt am Main; C wikimedia public domain; G pixelio.de; H Lutz Rohrmann
S. 73	D, E, F Petra Szablewski
S. 74	Fotolia.com
S. 75	Langenscheidt Bildarchiv
S. 76	DVD Berliner Platz 2 NEU
S. 78	oben: DVD Berliner Platz 2 NEU; unten links: Fotolia.com; unten rechts: Anja Greiner Adam – Fotolia.com
S. 81	Annalisa Scarpa-Diewald
S. 87	Lutz Rohrmann
S. 89	oben: wikimedia creativcommons by Corradox; Mitte: Touristinfo Verden; unten: wikimedia public domain
S. 90	Christian Nitz – Fotolia.com
S. 92	unten: Jean-Christoph Meleton – Fotolia.com
S. 93	Langenscheidt Bildarchiv
S. 100	Annalisa Scarpa-Diewald
S. 101	oben: Lutz Rohrmann; Mitte: DVD Berliner Platz 2 NEU; unten: Sibylle Freitag
S. 105	1 Fotolia.com; 2 und 3 Langenscheidt Bildarchiv
S. 106	Linda Meyer – Fotolia.com
S. 107	Fotolia.com
S. 108	Lutz Rohrmann
S. 109	Fotolia.com
S. 115	oben: DVD Berliner Platz 1 NEU; unten links: Uschi Hering – Fotolia.com; unten rechts: Irina Fischer – Fotolia.com
S. 117	Auszug aus: Bertolt Brecht, Geschichten vom Herrn Keuner: © Suhrkamp Verlag, Frankfurt am Main 1971
S. 122	Annalisa Scarpa-Diewald
S. 126	Fotolia.com
S. 128	Olga Mirenska – shutterstock.com
S. 129	Mike Thomas – Fotolia.com
S. 131	A Catherine Yeulet – iStockphoto; B Fotolia.com
S. 132	Veronika Grießl
S. 133	Langenscheidt Bildarchiv
S. 134	Susan Kaufmann
S. 135	Mit freundlicher Genehmigung der Arbeitsgemeinschaft der Beiräte für Migration und Integration Rheinland-Pfalz, www.agarp.de